PROSPERIDADE RADICAL
30 ATITUDES INOVADORAS PARA
FAZER SEU DINHEIRO VALER MAIS

MARCOS SILVESTRE

PROSPERIDADE RADICAL

30 ATITUDES INOVADORAS PARA FAZER SEU DINHEIRO VALER MAIS

Faro Editorial

Diretor editorial PEDRO ALMEIDA

Preparação TUCA FARIA

Revisão GABRIELA DE AVILA

Capa e projeto gráfico OSMANE GARCIA FILHO

Fotos de capa ROMOLO TAVANI | SHUTTERSTOCK, ALEXSL | ISTOCK

Ilustrações internas LEMBERG VECTOR STUDIO | SHUTTERSTOCK

Dados Internacionais de Catalogação na Publicação (CIP)
(Câmara Brasileira do Livro, SP, Brasil)

Silvestre, Marcos
    Prosperidade radical : 30 atitudes inovadoras para fazer seu dinheiro valer mais / Marcos Silvestre. — 1. ed. — Barueri, SP : Faro Editorial, 2018.

    ISBN 978-85-9581-015-0

    1. Economia 2. Finanças pessoais 3. Investimentos 4. Prosperidade 5. Sucesso em negócios I. Título.

18-12559   CDD-650.12

Índice para catálogo sistemático:
1. Prosperidade : Sucesso em negócios : Administração
650.12

FARO
EDITORIAL

1ª edição brasileira: 2018
Direitos de edição em língua portuguesa, para o Brasil, adquiridos por FARO EDITORIAL

Alameda Madeira, 162 – Sala 1702
Alphaville – Barueri – SP – Brasil
CEP: 06454-010 – Tel.: +55 11 4196-6699
www.faroeditorial.com.br

Dedico esta obra a todo CONSUMIDOR
CONSCIENTE E PRÓSPERO, meu
presente em comemoração ao Dia
do Consumidor, que não deveria ser
celebrado apenas no 15 de março,
mas nos 365 dias do ano!

MANUAL PRÁTICO DE EMPODERA-MENTO FINANCEIRO DO CONSUMIDOR

CLICs® | CONHECIMENTOS LOCALIZADOS INSTRU-MENTAIS DE CAPACITAÇÃO

"O consumo consciente só poderá ser praticado em sua essência pelo consumidor que se submeter a um completo processo de reeducação financeira, no qual passará pela renovação de sua mentalidade econômica, adquirirá conhecimento localizado instrumental de capacitação e trará para si ganhos de empoderamento financeiro. A partir daí, será possível tomar decisões de consumo verdadeiramente sábias, o que garantirá a conquista da prosperidade equilibrada, duradoura, sustentável e solidária em sua vida."

Prof. Marcos Silvestre

Sumário

19.

XPTO LIFE, PROTEÇÃO PARA SUA FAMÍLIA: CONTRATE JÁ SEU (ENÉSIMO) SEGURO DE VIDA!

SEGURO DE VIDA: VOCÊ PRECISA MESMO DE MAIS UM OU... DE APENAS UM, PORÉM DO BOM?

Contrate um seguro de vida de forma calculada e responsável, não só para aliviar a consciência!

20.

O MERCADO DE AÇÕES ESTÁ AQUECIDO: AGORA É HORA DE INVESTIR E GANHAR COM A XPTO!

QUEM APLICA EM AÇÕES DEVAGAR E SEMPRE DEVE TORCER PELO MERCADO EM DISPARADA?

Compre um pouco de boas ações todo mês e você lucrará mesmo em um mercado com altos e baixos!

29. 161

TROQUE SEU CARRO POR UM 0 KM ANTES QUE SEU USADO DESVALORIZE AINDA MAIS!

ACELERAR A TROCA DE AUTOMÓVEL É UMA BOA PARA CONTRA-ATACAR A DESVALORIZAÇÃO?

Evite a troca frequente de automóvel, o jeito mais garantido de perder dinheiro rápido com o carro!

30. 165

VOCÊ GANHA POUCO DEMAIS, NÃO CONSEGUIRÁ TER UMA BOA VIDA... SE NÃO FOR COM DÍVIDAS!

SERÁ MESMO QUE RECLAMAR DOS SEUS GANHOS MENSAIS VAI AJUDAR VOCÊ A PROSPERAR?

Saiba planejar gastos, dívidas e investimentos... e você terá dinheiro até para ajudar o próximo!

O Salmo 1, da Bíblia Sagrada, fala de quem é próspero:

É como árvore plantada à beira de águas correntes:
Dá fruto no tempo certo e suas folhas não murcham.

Tudo o que faz prospera

ATITUDES INOVADORAS PARA COMPRAR MELHOR

NÃO PERCA: SÓ ESTA SEMANA, DESCONTOS DE ATÉ 80%! MAS CORRA... É SÓ ESTA SEMANA!

SUPERDESCONTOS: GRANDES OPORTUNIDADES PARA ECONOMIZAR... OU PURA ILUSÃO?

A metade verdadeira

Dinheiro honesto não é, nunca foi e nunca será fácil de ganhar. Por isso, na hora de comprar, queremos sempre fazer *o melhor negócio*. Afinal, por que pagar o preço normal de uma mercadoria se podemos comprá--la com um belo desconto sobre o seu valor natural de mercado? A grande magia do termo *desconto* vem exatamente deste raciocínio que todo consumidor próspero traz embutido em sua mente: tentar comprar o máximo... gastando o mínimo, ora! Está certo, certíssimo!

A metade mentirosa

A *boa propaganda* conhece nossa mente e sabe bem como ela funciona, porque estuda os padrões de *pensamento*, de *emoção* e de *ação* que estão por trás de nossas decisões. A propaganda *manipuladora*, infelizmente, também tem essa habilidade de saber desvendar nossa mente consumidora. Então, a principal estratégia de comunicação de diversos fabricantes e redes comerciais de base ética questionável acaba sendo a prática do *desconto ilusório*, aquele que seduz, porém não entrega a real *vantagem* financeira!

A pura verdade!

O artifício de *inflar descontos* para *turbinar vendas*, embora disseminado por todo o comércio, é mais comum em determinados segmentos, como a *moda de vestuário*, por exemplo. No lançamento da coleção de verão, que ocorre ainda durante o inverno, os preços-meta anunciados (preços de etiqueta) são o dobro (ou mais) do valor normal da peça, aquele que é o preço de venda de equilíbrio, alvejado pelo próprio comerciante como preço que lhe convém.

Daí os consumidores mais endinheirados, os mais afoitos ou aqueles simplesmente menos sábios concordam prontamente em pagar esse valor, pela fugaz "exclusividade" de ter os produtos da coleção nova antes do grande público. Esgotado esse ciclo, ainda durante a própria estação, os descontos exuberantes (e ilusórios!) chegam a 50% ou mais, o que faz a mercadoria simplesmente retornar ao seu *preço correto*, ou seja, o seu real valor de mercado. Para muitos, o desconto acaba parecendo supervantajoso e aí quem nem estava pensando em comprar... cai na pegadinha! Você não vai cair nessa, vai?

DICA DE ATITUDE INOVADORA

Não se iluda com o tamanho do desconto, foque em descobrir se há vantagem concreta na oferta!

CLICS® PARA FAZER SEU DINHEIRO VALER MAIS

CLIC® 1. Se você tem interesse em um determinado *bem de maior valor*, faça uma boa **pesquisa de mercado** comparando diferentes marcas e ofertas de diferentes pontos de venda para mercadorias similares. Comece pela internet, porque é mais prático, é lógico, mas não deixe de também visitar as lojas para conferir inclusive a qualidade dos itens anunciados. Ok, permita que o natural *impulso* tenha seu papel no processo de compra, porque faz parte, mas pondere-o sempre com boas pesquisas e uma boa dose de *racionalidade financeira*. Afinal, é seu poder de compra que está em jogo!

CLIC® 2. Em suas pesquisas, não se decida pela compra *rápido demais*. Tome algum tempo, para conseguir formar um **histórico de preços** e clarear em sua mente qual o preço médio de mercado do item que ambiciona, ou seja, para formar uma noção real de *quanto vale* o produto objeto do seu desejo.

A partir daí, *desencane* da porcentagem do desconto em si e preste atenção somente ao preço proposto: se estiver pelo menos **30% abaixo** do que deveria ser o normal de mercado, ooops, parece mesmo se tratar de um bom negócio! *Precisando*, *querendo* e *podendo*, pode levar para casa sem dó, comemore a boa compra e usufrua muito!

CLIC® 3. Os *outlets*, aqui e no exterior, costumam oferecer bom preço, mas isto não é uma lei atemporal e universal. Antes de visitar um desses grandes centros de compra, faça uma *lista* do que pretende "investigar" por lá. Ao chegar, não se empolgue com as vitrines cheias e aquele movimento todo de alegres compradores com diversas sacolas nas mãos. Fixe sua busca naquilo que lhe interessa de fato e não hesite em perder a viagem se nada lhe parecer ser um legítimo bom negócio: melhor perder essa viagem do que perder aquele seu sofrido dinheirinho que estava aguardando um tratamento verdadeiramente *diferenciado*.

CLIC® 4. Você só deve sair de mãos cheias (e bolso esvaziado) de qualquer centro de compras se puder garantir duas alegrias: a) comprar o que você andava querendo ter; e b) pagar de fato aquele preço vantajoso que você havia pesquisado e traçado como preço-máximo para um bom negócio. Lembre-se: tão gratificante quanto possuir o que se deseja é ter *história para contar* aos amigos sobre aqueles **inacreditáveis bons negócios** que você costuma fazer em suas compras! Afinal, *sabedoria financeira* tem um inegável poder de *sedução social*... e dizem até que é afrodisíaco!

CLIC® 5. As **pontas de estoque** podem realmente apresentar bons descontos e por três bons motivos: a) elas oferecem muitas mercadorias avulsas com numeração "quebrada", fora da grade; b) existem itens com discretos defeitos; e c) há produtos remanescentes da "coleção passada". Se nenhuma destas características tornar o produto inadequado para suas preferências e necessidades particulares, será compensador poder arrematar essas *boas ofertas*! Caia na real: quando estiver usando aquela sua *pechincha*, arrematada "na bacia das almas", ninguém vai saber se veio de uma sofisticada vitrine daquele shopping premium... ou das araras bagunçadas de um lojão de *outlet*. Vista com atitude, queixo erguido e... arrase!

CLIC® 6. Cuidado com a **empolgação**: você não vai querer levar aquela blusa que ficou larga demais, que tem um furo bem perceptível numa das mangas e que, olhando direitinho, parece ter sido desenhada para vestir elegantemente sua avozinha de oitenta anos, não sua pulsante silhueta de trinta e poucos! Mas aquela linda sandália fofa — você tinha uma igual, mas gastou —, bem do seu número, com uns risquinhos minúsculos na sola (que ninguém vê), que tem a sua cara e está por menos da metade do preço normal... essa aí pode muito bem ganhar espaço na sua sapateira e na sua vida. O valor empatado em oportunidades de compra como essa será sempre dinheiro *bem gasto*!

EMPODERAMENTO FINANCEIRO é... quando você olha aquele desconto fajuto de 50%, que mal faz a mercadoria retornar ao seu preço normal de mercado, e declara, sem um pingo de vergonha: "Fica na prateleira, meu bem: meu DINHEIRO não é CAPIM para você querer pisar nele desse jeito!"

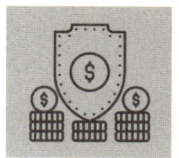

OFERTAS AR-RA-SA-DO-RAS! PROMOÇÕES IM-PER-DÍ-VEIS! TUDO MUITO BA-RA-TOOO!

VOCÊ JÁ SACOU QUE, AO DIZER QUE ALGO É BARATO, ESTÁ DESVALORIZANDO SEU TRABALHO?

A metade verdadeira

Entre o *caro* e o *barato*, a maior parte das pessoas vai preferir o barato, é lógico! Essa escolha apenas faz parte da natural *racionalidade* de querer fazer seu dinheiro valer sempre mais. Sabendo disso, a propaganda vem com aquele apelo fortíssimo de que um determinado produto ou serviço está sendo oferecido *su-per-ba-ra-to*, com um preço imperdível! Antes fosse…

A metade mentirosa

Muitas vezes não há a menor coerência financeira da oferta em si, porque deixa de apresentar qualquer vantagem real para o bolso! O termo *barato* sempre atrai a atenção do comprador e o seduz, mesmo quando não condiz com uma oferta de preço mais baixo de fato. Então eu pergunto: o que deveria ser considerado realmente barato para quem trabalha com esforço e dedicação para fazer o dinheiro chegar até seu bolso? Na minha modesta opinião: NADA!

A pura verdade!

Não há nenhuma oferta que seja tão arrasadora que justifique uma compra precipitada e desnecessária, que vai tirar dinheiro do seu bolso sem agregar qualidade a sua vida! Na prática, não existe nenhuma promoção verdadeiramente *imperdível*, porque, depois de qualquer uma que você por acaso tenha perdido, virão outras e mais outras, talvez até melhores, porque a competitividade no comércio não acaba nunca. Aprenda a *dar mais valor* ao seu dinheiro, porque ele é fruto do seu trabalho sagrado. E seu trabalho tem muito valor... não tem?!

DICA DE ATITUDE INOVADORA

Risque o termo "barato" do dicionário, dê mais valor ao seu trabalho e revalorize seu dinheiro!

CLICS® PARA FAZER SEU DINHEIRO VALER MAIS

CLIC® 1. Risque o termo **barato** do seu vocabulário: para quem paga as coisas e as experiências de sua vida com trabalho suado e honesto, nada pode ser considerado essencialmente *barato*. Se você estiver mesmo diante de um negócio favorável, prefira expressões como "este preço está atraente", "este desconto parece bom" ou ainda "nestas condições a compra (o negócio) vale a pena".

Ao se comunicar de forma correta quanto ao valor do dinheiro, você fará crescer o respeito pelo seu trabalho e verá aumentar sua *autoestima financeira*. Ao se posicionar com firmeza, você também estará sinalizando para os vendedores que não é o tipo de consumidor que empata seu rico dinheirinho em qualquer proposta financeiramente indecente... então é melhor capricharem de verdade na oferta!

CLIC® 2. Pense sempre em **quanto trabalho** uma determinada mercadoria irá lhe *custar*. Uma pessoa trabalha cerca de oito horas por dia: considerando que ela leva uma hora para deslocar-se para o trabalho e depois mais uma hora na volta para casa, serão dez horas diárias empregadas no trabalho. Tomando por base vinte dias úteis por mês, isso totaliza cerca de duzentas horas mensais empenhadas no trabalho. Não é pouco tempo...

Digamos que o salário líquido dessa pessoa seja de R$ 2 mil mensais: a divisão dos ganhos do mês pelas horas trabalhadas indica que tal profissional precisa dedicar *uma hora inteirinha* de trabalho para fazer chegar a si uma notinha de R$ 10. Daí fica fácil perceber que uma bolsa de R$ 100 consome um dia inteiro de trabalho, enquanto um tênis de R$ 299 custa trinta horas de trabalho para ser adquirido! Isso vale pouco? Isso pode ser classificado como... barato?

CLIC® 3. Lembre-se sempre de como seus **antepassados** — pais, avós ou bisavós — devem ter sofrido na vida para que você pudesse vir a ter melhores condições de estudo e acesso ao maravilhoso mundo do consumo, para que você pudesse ir além da mera sobrevivência e usufruir de conforto, segurança, lazer e prazer (artigos de luxo para eles, certamente)! Valorize a memória de seus ancestrais ao revalorizar os *frutos do seu trabalho*, jamais agindo como se dinheiro fosse algo fácil de ganhar: para eles não foi... e para você também não é!

CLIC® 4. Pense ainda nos seus **sucessores**: qual o exemplo que você poderá lhes deixar de *respeito* ao dinheiro e ao trabalho que está na sua origem? E tem mais: ao dar o correto valor ao dinheiro você saberá viver melhor com menos, conseguirá *poupar mais* e assim poderá preparar adequadamente sua aposentadoria, o que deixará seus filhos tranquilos quanto ao fato de que não será necessário que eles venham a arcar com as suas despesas um dia. Que baita alívio para os seus descendentes, hein?!

Talvez ainda melhor: pense no quanto você poderá beneficiar seus herdeiros se fizer para eles uma poupança para sua *faculdade*, se puder ajudar financeiramente na montagem de um *negócio próprio* ou ainda contribuir para a aquisição da sua *casa própria*. Tudo isso será possível, mas só mesmo se você souber *valorizar o dinheiro* e o poder de compra que ele traz dentro de si, *empoderando-se* a cada nova decisão de compra do dia a dia!

> **EMPODERAMENTO FINANCEIRO é...** quando você vê um desses anúncios de propaganda destacando o adjetivo "BARATO" e rebate com firmeza: "Para quem ganha dinheiro honesto nada é barato, porque tudo CUSTA TRABALHO... e meu trabalho VALE MUITO!"

NÃO PERCA AS SUPERPROMOÇÕES DA GRANDE LIQUIDAÇÃO BLÁ-BLÁ-BLÁ!

AS GRANDES PROMOÇÕES E LIQUIDAÇÕES OFERECEM TUDO MAIS BARATO DE VERDADE?

A metade verdadeira

Os *preços de etiqueta* da maior parte das mercadorias são inflacionados, a gente sabe disso. Esses valores são *o máximo* que o comércio deseja faturar com aquela mercadoria e todo comprador deveria saber aquilo que todo comerciante sabe: não se vende o estoque todo por esse preço, apenas uma parte dele. O resto deixará as gôndolas, araras e prateleiras por meio de promoções e liquidações, e isso é basicamente uma boa notícia para o consumidor consciente, que quer sempre comprar mais barato.

A metade mentirosa

No passado não tão distante, coisa de cem anos atrás, a dinâmica das vendas no varejo era outra: uma mercadoria tinha seu preço, o *preço certo*, e tudo se vendia nas lojas pelo preço certo, nem mais, nem menos. Então, algum comerciante espertinho certo dia descobriu que se ele inflasse exageradamente os preços no lançamento, venderia pelo menos uma parte de cada lote com maior margem pelo *preço de etiqueta*, abastecendo primeiro os compradores mais apressados, para depois fazer negócio com os mais conscientes. Afinal, logo em seguida ao lançamento, bastaria aplicar grandes descontos, fazendo os produtos voltarem a seu preço certo, o que lhe permitiria vender o restante das mercadorias em estoque por um valor justo.

A pura verdade!

A pegadinha funcionou... e "evoluiu": comerciantes atentos perceberam também que, mesmo nas promoções e liquidações, não precisam baixar o preço de absolutamente todos os produtos das lojas para acabarem vendendo mais de *todos* os produtos componentes de seu mix! Basta selecionar alguns itens, chamados de *produtos chamariz*, para praticar nessas mercadorias específicas preços verdadeiramente convidativos. Os demais preços? Ficam como estão!

Daí, é só montar uma forte campanha de comunicação dando ênfase a esses produtos "apetitosos" para trazer público em grande quantidade às lojas. Em meio ao alvoroço dos compradores no ponto de venda, a mente do consumidor fica contagiada pelo *efeito manada*. Assim, acabamos atraídos ao comércio, acabamos comprando... e compramos de tudo, mesmo o que não está com preço tão vantajoso assim. Fazemos isso simplesmente porque... porque estão todos comprando e aproveitando, ora! Você... não tem esse tanto de ingenuidade, tem?

DICA DE ATITUDE INOVADORA

Fuja do efeito manada das superpromoções e liquidações para poder gastar menos... e melhor!

CLICS® PARA FAZER SEU DINHEIRO VALER MAIS

CLIC® 1. Achamos que somos perfeitamente *racionais* em nossas decisões apenas porque somos seres *inteligentes*. Vale lembrar que, para o bem e para o mal, nossas *emoções* interferem de forma direta em nosso comportamento, inclusive como *consumidores*. Assim como os animais na selva africana saem em disparada simplesmente porque observam outros animais fazendo o mesmo, compramos feito loucos nas grandes promoções e liquidações essencialmente porque vemos os outros agindo com a mesma empolgação.

Algo de que não devemos jamais nos esquecer: o que nos distingue mesmo de elefantes e girafas é o tamanho do nosso *cérebro*, sendo que parte importante dele é dedicada às decisões de compra e consumo. Então, não deixe de ser *emocional*, claro, mas contrapese suas atitudes de compras e gastos com boa dose de **racionalidade**, fazendo sempre continhas na ponta do lápis antes de enfiar a mão no bolso ou abrir a carteira!

CLIC® 2. Quer ser menos intuitivo e *mais sábio* na hora de gastar seu dinheiro? Fique longe de **lojas abarrotadas**, evite a euforia das "quinzenas malucas" e antecipe-se às compras das principais *épocas comemorativas*, espertamente exploradas de forma agressiva pelo comércio, como dia das mães, dia das crianças, *Black Friday* e Natal. Exceto nas feiras livres das ruas, onde a muvuca – afinal – é a regra, você na certa fará melhores negócios quando houver *menos gente* comprando a sua volta!

CLIC® 3. A maior parte dos brasileiros pensa apenas em *produtos totalmente novos* como opção de compra. Isso se dá por dois motivos: a) normalmente só as mercadorias 0 km são parceladas (anunciadas com "juro zero", mas cobradas com espessos juros embutidos!); e b) costumamos focar na mercadoria em si, quando seria mais sábio focar na *utilidade* dela para nós, no *serviço* que ela pode nos prestar, naquilo que podemos *usufruir* dela.

Quando passamos a poupar e acumular para *comprar à vista*, com desconto e sem juros, o parcelamento perde sua importância, o que nos abre espaço para pensarmos na compra de **seminovos**. Itens com pouco uso podem ter o mesmo estado de itens novos e, na prática, podem acabar tendo o mesmo efeito na vida, com uma "ligeira" vantagem: eles costumam sair *pela* *metade ou menos* do valor da mercadoria recém-saída da fábrica. Quer fazer seu dinheiro valer mais? Está aí um jeito certeiro de conseguir isso!

CLIC® 4. Evite a **pressão de grupo** no seu comportamento de consumo, em todos os níveis. Não corra ao shopping só porque sua cunhada comprou duas bolsas novas na liquidação (mesmo que ela tenha feito um bom negócio). Não vá direto à concessionária porque seu vizinho trocou de carro no feirão (ainda que as condições tenham sido de fato interessantes). Lembre-se: a sua vida é só sua, o seu dinheiro é só seu, ninguém vai pagar suas despesas e cobrir sua conta bancária se suas escolhas como consumidor forem precipitadas e mal planejadas!

> **EMPODERAMENTO FINANCEIRO é...** quando você olha um SEMINOVO ajeitado e pisca para ele: "Vem cá, meu bem: por metade do preço do PRODUTO VIRGEM, a sua irresistível relação custo-benefício vai garantir a felicidade da nossa relação. Afinal de contas, LAVOU... TÁ NOVO!"

VEM ECONOMIZAR COM A GENTE! POR QUE PAGAR CARO SE NA XPTO É TUDO BARATINHO?!

COMPRAR DO BARATINHO É MESMO UM JEITO SÁBIO DE ECONOMIZAR... OU É O CONTRÁRIO?

A metade verdadeira

Dinheiro honesto não dá em árvore. Todo dinheiro vem do *trabalho*, e trabalho custa *dedicação*. Então, na hora de gastar, a gente tem mesmo de usar de muita sabedoria. Coisas caras costumam demandar muito esforço e não agregam para nossa vida na mesma proporção. Por isso, sempre que estamos entre o *caro*, de um lado, e o *barato*, de outro, sabemos que a preferência, via de regra, deve ser pelo barato. Faz sentido!

A metade mentirosa

Nem tudo que lhe parece, em princípio, barato acaba de fato lhe agregando algo, nem sai verdadeiramente barato para você! A moderna economia de consumo especializou-se em produzir e ofertar mercadorias de preço muito acessível, porém de *qualidade tão baixa* que acabam tendo impacto reduzidíssimo sobre a qualidade de vida das pessoas. Há ainda aqueles itens que lhe pedem pouco dinheiro no início, para *comprar*, mas muita grana depois, para *manter*. Qualquer que seja o caso,

35

estamos falando de armadilhas empobrecedoras, espertamente embaladas no conceito do "baratinho", pegadinhas das quais você deve se manter longe se quer mesmo prosperar!

A pura verdade!

Pense nas roupas "baratinhas" que desbotam e se deformam na primeira lavada. Pense nos alimentos "acessíveis", como salgadinhos e guloseimas, entupidos de corantes e flavorizantes artificiais, apetitosos, mas com baixíssimo conteúdo nutritivo! E aqueles eletroeletrônicos de marcas desconhecidas, com "precinho lá no pé", mas que têm vida útil curtíssima e logo precisam ser consertados ou descartados? Roubada, né?! Pior: aqueles carros importados do Oriente que "são baratinhos" na hora de comprar, porém caríssimos de manter (isto é... quando se acham as peças)!

Cuidado: o mercado está repleto do tal "barato que sai caro". Se algo está caro ou barato, isto não deve ser decidido em função do *preço absoluto* da mercadoria, mas baseado em seu *preço relativo*, ou seja, seu *custo* comparado ao *benefício* de usufruto que o consumidor poderá extrair dele. Seu dinheiro, que é honesto e vem do trabalho, só merece compras com relação custo-benefício altamente *positiva*! Esbanjar é coisa para ladrão, que não teve de trabalhar, mesmo, e que também não sabe ao certo quando "a fonte" poderá secar!

DICA DE ATITUDE INOVADORA

Evite os itens muito "baratinhos": eles duram pouco e saem muito mais caro por "vez de uso"!

CLICS® PARA FAZER SEU DINHEIRO VALER MAIS

CLIC® 1. O "barato que sai caro" é muito comum na moda de vestuário, por exemplo. Você vê uma blusinha "baratinha de dar dó" por apenas R$ 40. Na prática, irá usá-la duas vezes (exceto uma ou duas outras usadas complementares para "fazer faxina"), sendo que cada vez de uso custará, portanto, R$ 20. Não teria sido efetivamente mais barato comprar a blusinha "mais cara" de R$ 80 que, pelo caimento diferenciado e pela durabilidade bem maior, permitirá a você usá-la (com alegria) dez vezes, com o custo de R$ 8 por vez de uso? A blusa "mais cara" ficaria, na realidade, por algo como metade do preço do valor da barateeenha, olhando pelo número de vezes de uso, ou seja, pelo usufruto!

CLIC® 2. Para não acabar gastando demais com "coisa barata", evite as máquinas ou aparelhos que só funcionam com **refil**. Você vê naquela badalada loja do shopping, por exemplo, aquela linda máquina de café: pelo equipamento que é, pelo belo acabamento, acaba achando "baratinha". Mas só vai descobrir que está "pagando caro" quando parar para calcular o quanto gastará com os caríssimos refis.

Usando a tal maquininha, você descobre que está pagando R$ 2 para tomar cafezinho na sua própria casa (com energia elétrica e água por sua conta!). Na média, você estará gastando algo como R$ 120 por mês, já que são dois cafezinhos desses por dia! Ah, sim: R$ 120 para você... e mais R$ 120 para o maridão, que gostou da praticidade da esperta maquininha! Resultado: R$ 2.880 gastos pelo casal por ano... com cafezinho tomado em casa. Muuuito "baratinho", né, não?!

CLIC® 3. Tem aquela mercadoria que, embora lhe peça *mais dinheiro* em um primeiro momento, sairá *mais barata* para você com o uso. Em vez daquela malha simplesinha de R$ 80, você quer mesmo aquele casaco de couro de R$ 800, que é um clássico e vai durar a vida inteira. Antes que alguém o leve a pensar pobre, evitando o produto "mais caro", faça as contas na ponta do lápis.

Pode acontecer de, na hora, você não ter o **dinheiro pronto** para comprar esse bem de valor mais elevado. Não desista: seu planejamento financeiro prévio e seu poder de negociação posterior podem levá-lo a superar esse desafio. Enxugue despesas para poupar e juntar o valor necessário para a compra: R$ 80 por mês durante dez meses para o casaco de couro.

Uma vez com o dinheiro certo em mãos, parta para comprar *à vista* e *com desconto*: você pagará R$ 720 pelo casaco de couro, comprando com 10% de desconto e podendo usá-lo ainda antes do próximo inverno! Talvez até surja para você uma boa oportunidade de arrematar um seminovo, olha só: seu primo, que veste o seu número e gosta de casacos de couro (foi justamente vendo os dele que você ficou com vontade de ter um), está vendendo um dos seus casacos (novíssimo!) por R$ 400. Bela compra: este será aquele casaco de couro que irá aquecê-lo bastante... sem congelar seu bolso!

EMPODERAMENTO FINANCEIRO é... quando você olha bem nos olhos daquela mercadoria BARATINHA "de dar dó", mas de baixa qualidade, e lhe confessa: "Não te levo para casa, não, porque tu podes ser bonitinha, mas és ordinária... e eu tenho medo do barato que sai caro!"

VEM AÍ A BLACK FRIDAY: OS PRODUTOS MAIS DESEJADOS POR PREÇOS INACREDITÁVEIS!

POR QUE AS EDIÇÕES BRASILEIRAS DA BLACK FRIDAY ACABARAM VIRANDO A BLACK FRAUDE?

A metade verdadeira

Quem não gosta de pagar *metade ou até menos* em uma roupa, em um eletroeletrônico ou em um móvel para a casa? E que tal então se for uma mercadoria de marca, novinha, na caixa, com nota fiscal e garantia? Parece bom demais para ser verdade... mas o fato é que o comércio tem lá suas estratégias para chamar a atenção dos consumidores e por vezes aparecem excelentes oportunidades de compra que vieram não se sabe de onde, mas que podem vir para nossa vida se soubermos garimpar!

Isso é particularmente verdadeiro em ocasiões comemorativas, aquelas fases do ano em que o comércio se torna mais competitivo e agressivo, como no Dia das Mães, no Dia dos Pais, no Dia das Crianças, no Natal e... sim: na *Black Friday*! Ah... a Sexta-feira Negra!

A metade mentirosa

Esta estratégia de consumo foi importada dos EUA para o Brasil em 2010. Por lá, a *Black Friday* apresenta, na média, ofertas com preços verdadeiramente muito *atraentes*. O consumidor médio norte-americano pode até ser um tanto consumista, isso é fato, mas também costuma comparar preços e está habituado a ser assediado por diversos concorrentes que tentam disputar seus dólares.

O consumidor norte-americano não é bobo. Por isso, as promoções em seu país costumam ser *sérias*, ou logo acabam sendo denunciadas no mercado como fraudes, o que pode ter um terrível impacto negativo sobre as marcas das empresas que quiserem atuar na malandragem da precificação fajuta. Por aqui, com exceção de algumas redes comerciais mais zelosas de sua imagem, ou mesmo algumas poucas lojas independentes e idôneas, a *Black Friday* virou sinônimo de "tudo pela metade do dobro"!

A pura verdade!

A vantagem até existe na *Black Friday*, mas ela fica no bolso do lojista, não do consumidor. Diversos estrategistas do marketing de varejo brasileiro identificaram que, como boa parte dos nossos consumidores ainda tem *curta memória de preços*, isto possibilitaria facilmente uma estratégia especulativa que, sem ter custo algum para o comércio, atrairia grandes hordas de compradores despreparados... e iludidos... que farão bombar suas vendas e seus lucros nessa época!

A tática manipuladora desses comerciantes de poucos escrúpulos consiste em elevar o *preço de equilíbrio* das mercadorias de forma proposital e gradativa nas semanas que antecedem a tal sexta-feira negra, para, então, na data certa (ou também na semana anterior, até mesmo na semana seguinte) oferecer *descontos* percentuais aparentemente *agressivos*, não raro de 50% a 80%, que são realmente "bonitos de se ver", mas que, no entanto, apenas fazem a mercadoria retornar a seu *preço normal* de mercado. Você... não vai deixar seu dinheiro ser enganado dessa forma, vai?!

DICA DE ATITUDE INOVADORA

Pesquise preços e evite a empolgação, para não ser ludibriado por comerciantes oportunistas!

CLICS® PARA FAZER SEU DINHEIRO VALER MAIS

CLIC® 1. Jamais se decida por uma determinada compra por mero impulso, ainda mais se esse impulso for hiperestimulado pela propaganda efusiva e insistente (que chega a ser chata!) da Black Friday. Você tem de comprar apenas o que realmente quer, precisa e pode, para não se arrepender depois.

Lembre-se: dinheiro gasto não volta ao banco! Ao comprar algo que você, afinal, não queria tanto assim, ou do qual não tinha tanta necessidade — ou até pior: não estava sequer podendo comprar —, você acabou dispensando levianamente parte do seu salário, acabou achatando seu poder de aquisição. E fez isso da forma mais cruel: ninguém mandou, fez porque quis!

Perceba: dinheiro *malgasto* virá pó e jamais volta ao seu bolso. Certo, novo dinheiro virá (e, lembre-se, sempre à custa de mais e mais trabalho), porém, aquele tanto malgasto naquela decisão precipitada... já era, tchau-tchau-bye-bye. Qualquer tanto de dinheiro malgasto ficará eternamente perdido no limbo da sua ficha corrida de consumidor, sem ter produzido impacto positivo efetivo sobre sua qualidade de vida! Isso lhe parece sábio?

CLIC® 2. Nunca desempate uma decisão de compra pelo **tamanho do desconto** percentual, e sim pelo *preço efetivo de compra*. Faça sempre as contas certas: é melhor ter um desconto de apenas 20% sobre aquela calça que está no preço de R$ 200 e vai lhe sair por R$ 160 do que ter um desconto de 40% (uau, o dobrooo!) sobre a mesma calça precificada a R$ 300 ("apenas" 50% mais cara), porque assim ela ainda lhe custará R$ 180, ficando R$ 20 mais cara! Boa parte do que se vê na *Black Friday* brasileira, infelizmente, ainda é puro jogo de números para impactar compradores mal-informados.

CLIC® 3. Para fazer uma boa pesquisa de mercado antes de arrematar ofertas na *Black Friday*, consulte um ou mais sites **comparadores de preços**. Eis aqui algumas sugestões (veja, as ferramentas digitais são muito dinâmicas e podem se alterar a qualquer momento, por isso, confira antes em seu buscador de internet se ainda estão no ar ou se há outras mais atualizadas):

1. Google Shopping Brasil: www.google.com.br/shopping
2. BuscaPé: www.buscape.com.br
3. Busca Descontos: www.buscadescontos.com.br

4. Bondfaro: www.bondfaro.com.br

5. Baixou: www.baixou.com.br

CLIC® 4. Uma vez que a *Black Friday* também chegou ao mercado de **investimentos pessoais**, vale a consulta a aplicativos de comparação de aplicações financeiras, como o *app Renda Fixa*, disponível na App Store (para dispositivos com IOS) ou na Google Play (para Android). Com comparativos como este, você poderá identificar qual o grande banco que está pagando melhor nos CDBs prefixados ou qual o banco de menor porte que está disponibilizando a melhor oferta de rentabilidade como % do CDI nos CDBs pós-fixados.

Mais uma vez, compare direito e lembre-se de que investimento bom mesmo, só o FIF: Faça Investimentos Frequentes. Pois é: invista sempre como resultado de seu bom planejamento financeiro para concretizar sonhos e não apenas por entusiasmo passageiro diante de qualquer promoção "arrebatadora" do comércio.

CLIC® 5. Se você já havia se decidido por uma determinada compra antes do início da campanha da *Black Friday*, você está bem informado sobre o verdadeiro preço de equilíbrio da mercadoria. Ótimo, partindo daí, se conseguir encontrá-la com *desconto efetivo* superior a 30%, comprovando que a mercadoria está genuinamente barata, então **compre sem receio** de não ter feito bom negócio. E compre rápido, porque, se for verdade, acaba logo!

Compre, use bastante, seja feliz com sua nova aquisição, pois dinheiro foi feito para gastar. De qualquer forma, lembre-se: talvez gastando ainda bem menos do que isso você conseguisse comprar um *seminovo em estado de zero*, o que liberaria dinheiro bom para outros objetivos importantes. Desculpe colocar essa pulguinha atrás da sua orelha... mas minha missão é ajudar você no seu processo de *empoderamento financeiro*!

EMPODERAMENTO FINANCEIRO é... quando você olha aquelas mercadorias todas sendo oferecidas pela metade do dobro na "promoção imperdível" da Black Friday e ironiza: "50% off para mim é pouco. Eu quero é 100% de desconto. Por isso... não comprarei absolutamente NADA agora!"

CONHEÇA NOSSOS ÚLTIMOS LANÇAMENTOS! SÓ NA XPTO VOCÊ ENCONTRA O TOP DO TOP!

PARA TER MAIOR QUALIDADE DE VIDA... É MESMO NECESSÁRIO TER SEMPRE O TOP DE LINHA?

A metade verdadeira

Gostamos de *coisas boas* e, cá entre nós, cultivamos uma certa *competitividade* com as pessoas do nosso convívio sócio-familiar, tentando discretamente (às vezes nem tanto) mostrar quem é que pode mais. Isto nos remete à escolha de itens de consumo diferenciado e, até aí, não sendo um padrão de comportamento obsessivo e patológico, tudo bem. Somos *indivíduos* e queremos nos *diferenciar*.

Gostamos, por exemplo, de artigos de tecnologia de última geração. Afinal, esses *gadgets* são mesmo sedutores, prova viva em nossas mãos de que a inteligência do ser humano não tem limites. E eles também nos deixam um tanto mais bonitos na foto!

A metade mentirosa

O comércio, com sua comunicação agressiva, quer lhe passar a impressão de que você será mais *feliz* e *realizado*, no mínimo mais *invejado*, se tiver um artigo de tecnologia *top* de linha, o mais recente lançamento, o

43

suprassumo da tecnologia em questão. Afinal, se você tiver o *top*... todos pensarão que você está mesmo no topo! Pura ilusão, tática certa para arrancar muitos cobres do seu bolso sem lhe devolver o equivalente em qualidade de vida. Porque "ter o top"... bem, isso não rola na prática.

A pura verdade!

Tecnicamente falando, nenhum consumidor jamais terá o estado da arte — ou seja, a obra-prima — em itens de tecnologia. Nunca. Isto é inviável pela própria dinâmica da produção e do comércio. Quando você compra o *smartphone* mais evoluído que pode hoje ser encontrado nas lojas, seu sucessor já se encontra estocado no centro de distribuição da rede comercial, o sucessor dele já está em produção na fábrica e o sucessor de todos eles já foi criado, testado e aperfeiçoado e se encontra prontinho para sair do laboratório rumo à linha de produção.

Portanto, pagar entre 30% e 50% a mais pelo último lançamento, porque em média é o que ele vai lhe custar a mais, achando que isso manterá você "na ponta", é o caminho mais garantido para gastar pequenas fortunas em "coisinhas sedutoras" boladas por Mr. Jobs... e acabar se frustrando logo em seguida, ao perceber que seu "top" ficou rapidamente obsoleto!

DICA DE ATITUDE INOVADORA

Evite os lançamentos: eles são o jeito certeiro de pagar mais caro... e ficar sempre desatualizado!

CLICS® PARA FAZER SEU DINHEIRO VALER MAIS

CLIC® 1. Se você anda sentindo a real necessidade de ser possuidor dos bens mais avançados disponíveis no mercado para ostentar em seu círculo social, profissional ou familiar, está na hora de rever seus conceitos de vida. Se a sua autoestima deriva essencialmente do seu padrão de consumo, você precisa se questionar sobre o que realmente importa para uma existência feliz e realizada. Lembre-se: você é o que VOCÊ É... não o que VOCÊ TEM!

Como **consumidor econômico**, você deve priorizar aquelas mercadorias que, ainda assim, atendam as suas *necessidades*, sempre respeitando também suas *preferências*, por que não?! Pagar um pouquinho a mais, tipo até 10% de acréscimo, por um *design mais arrojado*, ou por algumas *funções adicionais*, tudo bem, pode até compensar. Mas cuidado: é muito fácil se empolgar e passar o cartão para depois descobrir que o *smartphone* bonitão não valia aquilo tudo!

CLIC® 2. Se você precisa de bons equipamentos para trabalhar, como *smartphones* ou *notebooks*, ou mesmo se deseja ter bons itens de tecnologia para seu lazer e diversão em casa, como uma TV 4K, um *home theater* superpotente ou um console de *videogame*, dê preferência a uma ou duas gerações anteriores ao lançamento, os chamados **second best**.

Normalmente, os produtos imediatamente anteriores ao último lançamento são bons equipamentos, já testados e aprovados (ou não) pelo mercado, com poucas características diferenciais importantes a menos em comparação com os *tops* de linha, mas com preços que chegam a ficar abaixo de 70% dos *tops*, ou seja, descontos superiores a 30%!

CLIC® 3. Itens de tecnologia sofrem *depreciação aceleradíssima*. Se você não se importa em ter um excelente equipamento que, no entanto, já está um tanto distante da linha de frente da tecnologia em sua categoria, algo como quatro ou cinco lançamentos passados, poderá comprar **seminovos** por até 10% do valor do 0 km. Pense sempre no *uso* que vai fazer, não no item em si, muito menos no *status* que ele poderá lhe dar.

Se por muito menos o item resolve sua necessidade, compre o seminovo baratinho e libere dinheiro bom para contratar experiências gratificantes, como jantares, passeios e viagens. Sinceramente, daqui a dez anos você não vai se lembrar do modelo de *smartphone* que tinha hoje, mas jamais se esquecerá daquela viagem ma-ra-vi-lho-sa que fez para o Sul ou para o Nordeste do país... com o dinheiro que economizou comprando o seminovo. E tem mais: a *selfie* da viagem, tirada com o celular mais antigo, vai causar mais que a *selfie*... que você não tirou com o *top* de linha, porque não teve grana para viajar!

> **EMPODERAMENTO FINANCEIRO é...** quando você olha nos olhos daquele SMARTPHONE que custa o valor de uma pequena moto e diz, sem medo: "Você NÃO VALE os seis litros de sangue que correm nestas veias, bonitão!"

REALIZE SEU SONHO NA XPTO: PAGUE TUDO EM SUAVES PARCELAS... COM ZERO DE ENTRADA!

DÍVIDAS E PARCELAMENTOS PODEM MESMO SER UMA FORMA SÁBIA DE CONQUISTAR MAIS?

A metade verdadeira

Quando observamos o preço de um determinado bem de valor mais elevado, digamos, de milhares de reais (ai, que paulada!), imaginamos como seria bom poder adquiri-lo de maneira *mais suave*. Afinal de contas, o salário parece pouco potente diante de uma TV 4K *top* de 60" que custa R$ 5 mil ou perante aquela moto ajeitada que custa R$ 10 mil ou ainda pior: o que é a pequenez do salário diante do carro novo, que custa R$ 40 mil no modelo popular completinho?! Daí o *parcelamento* surge como a aparente solução natural para viabilizar a compra. Uma coisa é fato: se você deseja comer um boi inteiro... é melhor dividi-lo em bifes. Então, dá-lhe parcelamento!

A metade mentirosa

"Quem é que tem tanto dinheiro assim 'sobrando' para comprar à vista? Só os ricos, ora!" Pois é desse jeito que pensam os "pobres"; não os pobres de baixo poder aquisitivo, mas os "pobres" de *mentalidade empobrecedora*! Parece-lhes impossível comprar à vista. Parece-lhes muito sedutor poder parcelar a tal da TV de R$ 5 mil em 24 prestações sem entrada. Seu lema é: facilitando... dá!

Para que desembolsar R$ 5 mil agora (valor que, na realidade, ninguém chegou a poupar para juntar!) se é possível pagar mensais de "apenas" R$ 311 sem entrada?! Pois esse é o valor de prestação que resultará de um crediário com custo efetivo total de 3,49% ao mês. Essa é uma condição muito comum nas lojas brasileiras que trabalham com financeiras para "ajudar" sua clientela a "realizar" seus sonhos de compra e consumo.

A pura verdade!

Quem fizer as contas direitinho, na ponta do lápis, descobrirá que a tal TV acabará custando, no parcelamento do crediário com zero de entrada, nada menos que R$ 7.464. Cada centavo desses R$ 7,5 mil custará trabalho. Mas... a mesma TV poderia perfeitamente ter custado R$ 4,5 mil, com abatimento efetivo de R$ 500, se fosse paga à vista com desconto de 10%!

Na prática, a TV comprada com a "facilitação" do pagamento terá custado R$ 3,5 mil a mais (= R$ 7,5 mil da TV parcelada – R$ 4,5 mil da TV paga à vista). Isso dá quase para comprar outra TV igualzinha! Parece minimamente sábio levar uma TV, mas... pagar duas?! Pense no quanto tem de se dedicar no trabalho: você concorda tacitamente em empobrecer dessa forma... ou prefere "incluir-se fora dessa"?

DICA DE ATITUDE INOVADORA

Esqueça as dívidas ao tentar resolver o salário baixo, elas apenas achatarão seu poder de compra!

CLICS® PARA FAZER SEU DINHEIRO VALER MAIS

CLIC® 1. Quando for fazer uma nova dívida, não interprete erroneamente a magnitude dos juros. Afinal, 3,49% parece uma taxa um tanto baixa se comparada aos juros de 8% do cheque especial ou aos 15% da financeira (ou do agiota). Jamais devemos, porém, nos esquecer de que nas dívidas os juros caminham acumulando-se uns sobre os outros, engrossando mês a mês, crescendo cumulativamente pelo chamado princípio dos juros compostos. Assim, a taxa mensal, aparentemente inofensiva, de 3,49% acumula-se para estonteantes 51% em apenas doze meses — 51%: uma péssima ideia, não?!

CLIC® 2. De fato, não dá para tirar do salário do mês uma compra de milhares de reais: o jeito é mesmo *parcelar*! Mas o parcelamento não precisa (nem deve!) ser feito por meio de uma nova *dívida*, e sim providenciado através de um bom **plano de investimentos**. Pense na prestação: se você teria dinheiro para pagá-la, terá também para aplicar a mesma quantia todos os meses, juntando, ganhando juros e comprando à vista e com desconto. No final das contas... pagando muito mais *barato*!

Os mesmos R$ 311 reais mensais, aplicados durante apenas catorze meses no Tesouro Direto — portanto, dez meses a menos que as parcelas da dívida —, resultarão no suficiente para comprar a mesma TV, que será levada para casa totalmente quitada, em pouco mais de um ano. Nesta hipótese, o comprador economizaria quase outro ano inteirinho de mensais de R$ 311! Comportamento sábio e empoderador, não?!

CLIC® 3. Se você não tiver mesmo toda a grana para comprar à vista, pense em dar *a maior entrada* possível, nunca o contrário, como *zero de entrada*. No caso da TV, ao comparecer com 50% logo na largada, você provavelmente conseguiria reduzir o preço do equipamento para algo em torno de R$ 4.750, ou seja, obtendo 5% de desconto sobre o valor total, equivalentes a 10% de desconto sobre a metade do bem pago à vista.

A compra seria então realizada com uma entrada de R$ 2.375, com os outros R$ 2.375 parcelados ao mesmo custo efetivo total de 3,49% ao mês, em doze prestações de R$ 246. Com um valor de prestação razoavelmente mais baixo que na proposta anterior, a dívida seria paga na metade do prazo. Isso, sim, é empoderamento financeiro!

EMPODERAMENTO FINANCEIRO é... quando você olha para o CARNÊ e diz: "Se eu tenho isso para te pagar todo mês, amigão, eu tenho a mesma bagaça para poupar, aplicar, ganhar juros e comprar daqui a pouco à vista e com desconto"!

LUXO E SOFISTICAÇÃO (EM EDIÇÃO LIMITADA!) PARA PESSOAS EXIGENTES COMO VOCÊ!

JÁ REPAROU NOS TERMOS QUE A PROPAGANDA USA PARA SEDUZIR SEU "EU CONSUMIDOR"?

A metade verdadeira

Queremos uma vida boa. Está no DNA do ser humano apreciar o que é bom. Afinal, fomos criados por Deus para viver em que lugar? Pois é... no *paraíso*, onde só havia delícias! Não há, portanto, mal algum em gostar do que é bom. Por isso trabalhamos, para nos proporcionar uma vida com satisfação, segurança, conforto, lazer e prazer, tanto para nós mesmos quanto para nossas famílias e entes queridos.

Como consumidor, você deve de fato priorizar o que é bom, ora! Agora, vale perguntar: o que é verdadeiramente *bom*? O que é realmente bom *para você*? Acaso um produto ou bem precisa ser *sofisticado* para ser *bom*? Será que precisa ser *rebuscado* para fazer de você um consumidor *diferenciado*?

A metade mentirosa

Luxo, sofisticação, requinte... Pense bem: o que pode haver de verdadeiro *luxo* em um apartamento recém-lançado de dois dormitórios, naquele bairro mais afastado, mesmo que se trate de um imóvel bem concebido e

51

até com bom *design*? Luxo?! É um imóvel de classe média!!! Mas o termo *luxo* está lá, no bonito panfleto (com a perspectiva artística do imóvel) distribuído no farol, tentando seduzir compradores mais empolgados.

O que pode haver de real *sofisticação* em uma loja de móveis pré-fabricados? Sofisticação?! São pré-fabricados!!! Mas na revista do bairro o anúncio com foto trabalhada explora bem o conceito de *sofisticação*, tentando atrair compradores desavisados que querem se sentir *diferenciados*, mesmo que com um argumento forçado como esse.

Sinceramente, o que pode haver de *requinte* naquele restaurante que, tudo bem, até oferece boa comida, porém nem toalhas sobre as mesas tem? Requinte?! Os garçons usam camisetas pretas e nos abordam, íntimos: "Oi, tudo bem? Olha, eu sou Fulano e vou te atender esta noite. O que vai ser?" Mas o *spot* no rádio, sim, usa o termo *requinte* para apelar aos potenciais frequentadores do "requintado" estabelecimento, que querem ter seu ego massageado, ainda que com uma mentira.

A pura verdade!

Gostamos do que é bom. Ok. Queremos *nos diferenciar*, porque, afinal, somos *indivíduos*. Ok aqui também. O problema é que, por vezes, aceitamos ser enganados por uma comunicação comercial apelativa apenas para nos sentirmos valorizados e aderirmos a um determinado padrão de consumo falsamente anunciado como *exclusivo* que, na realidade, é de varejão (e nada há de errado nisso, hein?!)

Ao tentar atribuir aos produtos e serviços características distintivas que eles intrinsecamente não têm, mas que os tornariam mais nobres aos olhos dos compradores, a tática é iludir para vender *mais*... e vender *mais caro*! Você... vai bancar essa "viagem" da propaganda com seu rico dinheirinho? Vai?

DICA DE ATITUDE INOVADORA

Quando ouvir termos como "luxo", "sofisticação" e "exclusividade", desconfie: é pegadinha!

CLICS® PARA FAZER SEU DINHEIRO VALER MAIS

CLIC® 1. Se lhe disserem que um produto oferece luxo, não engula de primeira, questione o vendedor: mas luxo... exatamente onde? Se tentarem convencer você de que um certo serviço é requintado, pergunte-se honestamente: onde está esse requinte todo?

Primeiro, tente localizar a *diferenciação* propagandeada. Nos raros casos em que de fato conseguir encontrá-la, a próxima pergunta deverá ser: "Ok, ela existe, mas vale mesmo a pena pagar por ela?" Você perceberá que raramente compensa, até porque as coisas efetivamente diferenciadas, ainda que de leve, costumam custar muito mais!

CLIC® 2. O luxo e a sofisticação, mesmo quando de fato presentes em determinado produto, podem fazê-lo custar proporcionalmente muito mais caro do que o produto similar sem esse requinte todo. Pense: você precisa mesmo disso tudo para ser feliz? O dinheiro é seu, o juiz é você, que também é quem determina onde concentrará o fruto financeiro do seu trabalho, ou seja, seu dinheiro. Cuidado com o complexo de Rainha da Inglaterra (*Sorry, you and I are not The Queen, dear*)!

Está bem, sem extremos niilistas: se deseja uma pitada de sofisticação na vida, procure ser **seletivamente extravagante**. Talvez comprar um relógio de marca ou uma bolsa de grife, dar uma eventual ida àquele restaurante reconhecidamente rebuscado, fumar um bom charuto cubano de vez em quando. Mas que sejam decisões pontuais de consumo diferenciado: querer nivelar tudo "por cima"... pode acabar nivelando sua conta bancária "por baixo"!

CLIC® 3. Se você busca mesmo **diferenciação** em seu padrão como consumidor, em vez de sucumbir facilmente ao apelo do *luxo* na propaganda, procure trabalhar com outra dimensão que pode distingui-lo dos demais de um jeito *saudável* e inclusive *barato*: o **estilo**. Das roupas aos móveis da casa, faça escolhas que tenham a ver com seus *gostos* e *preferências*, escolhas que revelem quem você verdadeiramente é como pessoa, independentemente dos apelos da propaganda.

Lembre-se: você é um ser único e se estiver disposto a revelar de fato sua essência em suas opções de compra e consumo, numa linha mais consumidor cabeça-feita, será valorizado pelos amigos e conhecidos por sua **autenticidade**, sem competir com ninguém nem desmerecer a individualidade dos outros!

CLIC® 4. Costumamos aquiescer ao lenga-lenga dos "astros" da **propaganda** de forma muito ingênua. Pense, por exemplo, naquela estrela da TV que se destaca por sua elegância e sofisticação na telinha, aquela que transborda *finesse* nas páginas das revistas dos chiques e famosos. O que essa celebridade diria se fosse 100% honesta sobre um determinado produto ou serviço que está promovendo no comercial de televisão?

Atenção: a postura de boa parte dos estrelados formadores de opinião da mídia aberta é altamente incoerente. Muitos ganham polpudos cachês artísticos, que lhes dão acesso financeiro a um padrão de consumo luxuoso de verdade, justamente aquele que ostentam perante o grande público para construir a imagem de sua *persona*. No entanto, em caprichados comerciais de TV, eles nos recomendam produtos e serviços um tanto quanto triviais. Alguns até mesmo chinfrins, para ser sincero. Daí viram as costas para a câmera e soltam gargalhadas: "É tudo coisa de pobre!" Não entregue esse poder todo nas mãos de alguém que te vê — e te trata — como pobre!

> **EMPODERAMENTO FINANCEIRO é...** quando você vê o termo LUXO estampado na propaganda e dispara com sinceridade: "Luxo é coisa de reis, meu rei. Quanto a mim, quero apenas produtos BONS e HONESTOS, pelo menor preço possível. Para trabalhador, dinheiro custa suor e não se compra ILUSÃO com SUOR!"

COM O CARTÃO DE CRÉDITO XPTO VOCÊ PODE MUITO MAIS: APROVEITE E PEÇA JÁ O SEU!

LIMITE "TURBINADO" NO CARTÃO DE CRÉDITO: E O RISCO DE GASTAR MAIS DO QUE SE TEM?

A metade verdadeira

Crédito é bom e todos querem. Ter acesso ao crédito nos faz sentir mais respeitados, mais valorizados e também mais fortificados nas nossas possibilidades financeiras. Tudo isso está correto: afinal, normalmente acaba tendo maior acesso ao crédito quem ganha melhor, quem arca com suas obrigações em dia e quem tem "bom nome" no mercado. Todas essas características associadas com o acesso ao crédito apontam para a *prosperidade*, e gostamos disso.

O crédito *bem trabalhado* pode de fato nos levar a pequenas e grandes *conquistas* que são determinantes para nossa felicidade e bem-estar. Pense na importância do *crédito imobiliário* para ajudar você a comprar sua casa própria. Pense como o *crédito cooperativo* ou o *crédito consignado* pode ajudar você a decorar e equipar seu lar. O próprio *cartão de crédito*, por exemplo: não é um jeito prático, seguro e muito organizado de pagar suas compras, seus gastos e até suas contas? Sabemos que sim.

A metade mentirosa

Se é bom... então quanto *mais*, *melhor*, certo? Este é o raciocínio das administradoras de cartão ao nos oferecer o mais alto limite que caiba nas fronteiras da análise de crédito que tais instituições fazem do nosso CPF. Acaba sendo, também, a forma de pensar dos consumidores mais empolgados, aqueles que não organizam sua vida financeira para cultivar nela um saudável *equilíbrio*. Pois atenção: há casos na vida da gente em que *menos* pode significar *mais*.

Nem tudo o que é essencialmente bom para nós é *ainda melhor* em *maior quantidade*. Veja: em dose moderada, quando o vírus de uma determinada doença é inoculado em nosso corpo através de uma vacina, ele pode nos ajudar a criar resistência, protegendo-nos contra a doença. O mesmo vírus presente em quantidades maiores pode acabar justamente nos infectando!

Assim é com o cartão de crédito: pode ser muito bom se for utilizado com um *limite moderado*, respeitando suas reais *possibilidades de pagamento*, levando em conta sua *renda*, de um lado, e suas demais *obrigações financeiras*, de outro. Mas, infelizmente, a coisa não se dá assim com a maior parte das pessoas: erra-se na dose... e paga-se alto preço por isso!

A pura verdade!

Muitas administradoras de cartão, quando estão definindo o tanto de crédito que irão oferecer ao cliente, tomam por base apenas sua renda mensal... e concedem um limite simétrico a ela: ganha R$ 2 mil? Vai levar os mesmos R$ 2 mil de limite! Daí eu lhe pergunto: como alguém, dotado de sã consciência financeira, pode sequer pensar em *gastar* no cartão exatamente tudo o que *ganha*? Essa conta fecha?!

Como ficarão, então, as compras e os gastos realizados através dos *demais meios de pagamento*, tipo cartão de débito, débito automático em conta, transferências, carnês, cheques e contas pagas em agência bancária ou com dinheiro vivo? E aquele tanto do salário que deve ser *poupado* (não gasto!) todos os meses, como fica se tudo deve ir para pagar o cartão de crédito? Termina que quem tem um limite inadequadamente alto acaba não conseguindo quitar a integralidade da fatura no vencimento. O "sortudo" que conseguiu todo esse crédito terá de usar o caríssimo *crédito rotativo* e, após trinta dias, será automaticamente direcionado para o também muito caro *parcelamento* do cartão. Você... não se vai trair com limite alto demais no cartão, vai?

DICA DE ATITUDE INOVADORA

Controle o limite do seu cartão de crédito, e as compras feitas com ele, para não se desequilibrar!

CLICS® PARA FAZER SEU DINHEIRO VALER MAIS

CLIC® 1. Tenha, de preferência, apenas um cartão de crédito. Se quiser ter dois ou mais, que sejam aqueles de bancos digitais, que não cobram anuidade. De qualquer forma, o limite dos gastos somados dos seus cartões de crédito não deve ultrapassar 50% da sua renda líquida no mês. Essa é sua garantia única de que terá o suficiente para pagar, com seu próprio salário (sua fonte primária, e provavelmente única, de poder de compra imediato!), a integralidade da fatura na data.

CLIC® 2. Na virada da fatura, pegue o primeiro **amarelinho**, da primeira compra, dobre, vista o cartão e coloque a dupla na carteira. Na segunda compra, pegue o segundo amarelinho, some com o valor do primeiro (que deve ser descartado nesse momento), anote com caneta o valor da soma no segundo papelzinho, dobre-o e guarde-o junto com o cartão. Vá sempre guardando com carinho essa dupla a cada compra, e quando puxar o amarelinho da sua carteira para um novo gasto, ele sempre lhe trará o valor já acumulado de compras no mês.

Chegou perto do *limite?* Tire o cartão da carteira e guarde-o em casa, para resgatá-lo somente no mês seguinte. O mesmo efeito pode ser conseguido de forma mais tecnológica através da consulta da fatura *on-line* atualizada, feita pelo seu *smartphone* imediatamente antes de cada gasto. Mas não se perca diante dessa facilidade, esquecendo-se de fazer a consulta, hein?! Sabe como é, há casos em que tanta facilidade acaba nos deixando frouxos... e frouxidão nas decisões que envolvem dinheiro não combina direito com prosperidade, tá?!

CLIC® 3. Quem mata a vítima: o revólver... ou o atirador? Não diga: "Com o resto nem tanto, mas estou gastando demais com cartão" ou "Esse cartão está me levando para o buraco!" O cartão de crédito é apenas um *meio de pagamento*: o que faz a fatura vir mais alta que o recomendado é a grana que sai do seu bolso *através* do cartão! Isso tem a ver com seus hábitos de compra e consumo, o que você costuma adquirir, os lugares a que costuma ir e quanto em média gasta nesses lugares, inclusive a frequência com que os visita. É tudo isso que deverá ser questionado quando você se sentar para planejar e controlar direito seu **orçamento pessoal e familiar**.

EMPODERAMENTO FINANCEIRO é... quando você vê seu cartão encostando NO LIMITE do mês e, sem dó nem piedade, sentencia: "SAIA DE CIRCULAÇÃO agora mesmo, queridinho! Corra para a gaveta, que este mês a festa acabou. Mas... fique triste não, que no próximo mês TEM MAIS!"

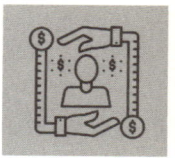

PRECISAR, NÃO PRECISA... MAS VOCÊ TRABALHA DURO E MERECE SOMENTE O MELHOR!

NA VIDA TODOS TEMOS CARÊNCIAS: AS COMPRAS PODEM MESMO RESOLVÊ-LAS PARA NÓS?

A metade verdadeira

Ganhar dinheiro do jeito que a gente sabe e quer ganhar, do jeito honesto, não é exatamente fácil. São longas jornadas, muita responsabilidade para carregar, pressão dos quatro cantos e não só alguns dias cansativos como também eventuais noites maldormidas! Como compensação, esperamos gratificação *pessoal*, crescimento *profissional* e, lógico, retorno *financeiro*. Nada mais justo do que poder receber o dinheiro do seu trabalho duro para brindar-se com *uma boa vida*!

A metade mentirosa

Talvez você esteja verdadeiramente *infeliz* em sua vida profissional ou (inclusive) em alguma outra área da sua existência. Mas aí vem a propaganda e lhe diz, sorrateiramente, naquelas campanhas sempre bem elaboradas, com comerciais sutis, mas de alvo certeiro: "Ora, não fique assim! Você tem um emprego e tem um salário: gaste o seu dinheiro para ser feliz (ou seja, para compensar sua infelicidade)!" Algo como:

"Tudo bem, ande descalço à vontade no chão gelado. Fique resfriado. Depois, tome dipirona para baixar a febre e… continue descalço: é só buscar mais remédio quando o seu acabar!"

A pura verdade!

Um desajuste profundo no trabalho talvez seja o maior foco de frustração para tanta gente que anda insatisfeita, mas não é o único. Desalinhamentos no relacionamento conjugal, familiar ou social, até mesmo desarranjos na saúde física, frequentemente produzem o mesmo efeito. De todo modo, é bom lembrar que dinheiro nenhum no mundo, nenhum produto, tampouco alguma experiência que possa ser comprada com seu cartão de crédito, nada disso justifica uma vida onde a essência é a *insatisfação*. O ditado é velho, porém sua sabedoria não se desgasta: "Dinheiro não compra felicidade". E, antes que você faça graça com esses tradicionais dizeres, eu alerto: não, ele também não manda buscar!

Se superar a infelicidade é seu desafio do momento, entenda que o *consumismo por compensação* não irá resolver seus problemas; pelo contrário, apenas os agravará. Optando por esse caminho paliativo, ou nem isso, você acabará estabelecendo hábitos compensatórios dos quais ficará dependente, assim como o doente crônico que não trata as causas de sua doença se vê escravizado pelo analgésico potente.

DICA DE ATITUDE INOVADORA

Não tente compensar carências com consumo: custa caro… e não resolve a causa do problema!

CLICS® PARA FAZER SEU DINHEIRO VALER MAIS

CLIC® 1. Evite ir às compras quando estiver deprimido (ou mesmo quando estiver eufórico)! Quando seu eu emocional estiver fora de si, sem que você perceba, ele irá interferir de forma negativa em suas decisões de compra, fazendo-o enxergar um valor e um poder nas coisas compradas, ou mesmo nas experiências contratadas, que elas de fato não têm.

Quando sair para gastar, ou diante da loja *on-line* aberta na tela do seu *notebook*, tente manter a mente centrada e pense assim: "Se eu adquirir esse produto, ou se gastar com essa experiência, talvez me sinta bem por algum tempo; mas se não resolver de fato o problema que me aflige, a angústia voltará." E volta, viu? Volta junto com as contas para pagar!

CLIC® 2. Não permita que seu padrão de consumo se eleve para **justificar a insatisfação** no trabalho. A tática mais conveniente para fazer você feliz talvez seja a contrária: reduzir sensivelmente, de forma planejada e com bom senso, seus gastos pessoais e familiares.

Agindo assim, sua capacidade de poupança crescerá e você poderá formar uma *reserva financeira de transição profissional* que lhe permitirá bancar uma eventual troca de emprego, desligando-se do atual e saindo em busca de uma recolocação — que dê ressignificação a sua vida laboral — com a devida calma e reequilíbrio. No final, tudo estará bem.

CLIC® 3. Uma coisa é um **trabalho puxado**, que envolve certa dose de empenho e doação, aquele trabalho que lhe "pede o sangue". Se bons propósitos o sustentam... está valendo! Outra coisa bem diferente é um **trabalho massacrante**, uma atividade exaustiva na qual você não vê finalidade, desempenhada sob o comando de um chefe que você respeita porque é obrigado, mas não porque o admira, junto de um bando de gente que vive querendo puxar o seu tapete, não uma verdadeira equipe de colaboradores solidários. Enfim, aquele trabalho que lhe "suga o cérebro"... e lhe "pede o coração"!

Se o seu caso for este último, repense sua carreira e tenha a coragem de promover mudanças difíceis, mas importantes, de realocamento na empresa ou até de recolocação. Se, no entanto, sua situação for mais parecida com a primeira... deixe de *frescura*, aceite que nem tudo é perfeito e parta de braços abertos para a legítima (ainda que imperfeita) **felicidade**... sem essa de *consumismo "reparador"*!

EMPODERAMENTO FINANCEIRO é... quando você, triste, já estava pegando a chave do carro para ir ao shopping, mas dá meia-volta quando lê naquele lembrete colado na porta da geladeira: "COMPRAR e GASTAR não é TERAPIA: tá carente, vá ao PARQUE, não ao SHOPPING!"

SEÇÃO 2

ATITUDES INOVADORAS PARA GANHAR MAIS

OPORTUNIDADE DE RENDA EXTRA XPTO WAY: GANHE MUITO DINHEIRO SEM SAIR DE CASA!

EM QUE TIPO DE ESQUEMA É POSSÍVEL GANHAR DINHEIRO LÍCITO... PARTINDO DE POUCO?

A metade verdadeira

Os tempos são difíceis, o *desemprego* rolando solto, muita gente *fechando as portas* do negócio próprio... Tudo isso não seria assim tão cruel se não fosse a chocante "insensibilidade" das contas para pagar, que continuam vindo persistentemente pelo carteiro ou pelo *e-mail* — isso quando não arrancam dinheiro direto da conta corrente pelo débito automático! Aí você recebe aquela impactante "oportunidade" enviada por uma dinâmica campanha de marketing digital e uma luz de esperança se acende em seu coração: *ganhar dinheiro fácil, sem sair de casa*! Não seria mesmo uma delícia?

A metade mentirosa

Investimento com retorno rápido! Negócio com altos rendimentos! Trabalhe em casa com ganhos elevados! Dinheiro fácil... Você certamente já foi alvejado por mensagens desse naipe, enviadas por spam ou naqueles vídeos virais que propalam um verdadeiro *milagre*! A pegada não é nova, a tentação de tais abordagens não atinge só você: seu pai e seu avô também já devem ter sido assediados dessa maneira no passado, ainda que com um viés menos tecnológico. Afinal, desde o antigo Egito as "pirâmides" povoam o imaginário popular.

Ok, os propagandistas desse tipo de esquema não aceitam a denominação de "pirâmide" para classificar o "maravilhoso e imperdível negócio" que eles têm para lhe propor. Mas, na essência, é isto o que é: uma pirâmide financeira. A proposta para cada novo participante é que injete uma grana inicial no bolso de quem está logo acima dele. Daí, o novo *"team builder"* deve sair correndo para colocar gente abaixo de si, senão não consegue enfiar grana no próprio bolso.

A pura verdade!

Dando roupagem ao esquema, sempre há alguma atividade empresarial que, no fundo, em nada importa a não ser atrair uma boa quantidade de "patos" para o esquema. O mais curioso da pirâmide financeira é que os primeiros a entrar, quando tomam a sábia decisão de serem também os primeiros a sair, até que levam consigo uma boa grana.

O dinheiro entregue a quem estava na pontinha da pirâmide e quer sair jamais vem do negócio que dá roupagem ao esquema: o *business* pode até ser atraente, mas nunca rende nada nem minimamente próximo da rentabilidade prometida (aliás, "garantida"!) pelo esquema. Até aí, sem problemas: o deslumbrante ganho oferecido será pago com dinheiro vivo... dos novos entrantes. Por isso toda pirâmide financeira, quando desacelera... *quebra*!

DICA DE ATITUDE INOVADORA

Não deixe que o desejo (lícito) de ganhar dinheiro (lícito) o arraste para uma pirâmide financeira!

CLICS® PARA FAZER SEU DINHEIRO VALER MAIS

CLIC® 1. Seu dinheiro, assim como o meu, não é capim, não nasce como mato no jardim, não dá em árvore. Quando nos cai do céu é porque suamos primeiro. Por isso, uma vez economizada e acumulada (a duras penas!), sua graninha estará sempre em busca de boas oportunidades de multiplicação e, seus braços, sempre em busca de trabalho. Aí vai a dica: os sistemas de marketing multinível, também conhecidos pela sigla MMN, bem diferentes dos esquemas de pirâmides financeiras.

Também designados "marketing de rede", aqui a proposta básica pode até ter a forma geométrica de uma pirâmide (termo que causa justificados arrepios nos praticantes do MMN ético), com a diferença de que o esquema, quando correto e profissional, é sustentável. Afinal, o MMN aplicado com seriedade e ética está calçado na distribuição pulverizada, em escala, de bons produtos e serviços com preços atraentes, mercadorias e experiências que serão recomendadas e distribuídas boca a boca.

CLIC® 2. Jamais participei de um MMN, mas minha esposa, Luciane, sim. E ela aprendeu muito sobre negócios com o MMN, um bom ponto de partida para a destacada experiência empreendedora que viria a acumular ao longo da vida. Simpatizo com a proposta, pois penso que o MMN estimula o genuíno **empreendedorismo de base** para quem tem, na largada, recursos financeiros limitados, mas grande disponibilidade e capacidade de trabalho.

Entendo que toda empresa tem que escoar sua produção ao mercado. Uma forma eficaz de fazê-lo é estruturar sólidas equipes de distribuição pessoa a pessoa. Assim, no MMN constituem-se líderes que assumem o recrutamento, treinamento e monitoramento dos distribuidores da linha de produtos ou serviços em questão. Aí, sim, podem ser chamados legitimamente de *team builders* ou formadores de equipes.

CLIC® 3. Em um sistema MMN, os líderes ganham por terem diversos profissionais ativos em sua equipe e ganham um tanto mais quanto maior o número de distribuidores bem-sucedidos sob sua condução. Líderes dinâmicos no MMN trabalham duro para ter sua renda aumentada pela **ampliação de sua equipe**, formando novos líderes de distribuidores sob seu comando. E todo o sistema está focado, na essência, em uma atividade que agrega valor a outros: oferecer produtos e serviços de boa qualidade por preços acessíveis.

Assim como o diretor comercial de uma empresa ganha mais que um gerente, que ganha mais que um vendedor da base, quanto *mais alto na escala*, maior será o ganho do líder do MMN. Naturalmente, isso virá sempre acompanhado de mais trabalho e maior responsabilidade, maior habilidade e doses maiores de paciência, talentos preciosos diligentemente empatados na desafiadora arte de capacitar e orientar pessoas. A "pirâmide" do MMN é, na sua forma geométrica, similar à pirâmide das carreiras corporativas, e isso é muito natural. Mas as semelhanças param por aí.

CLIC® 4. Enquanto um esquema de pirâmide financeira é invariavelmente fraudulento, transferindo dinheiro pronto de muitos para alguns poucos, um sistema de marketing multinível pode ser sério e verdadeiramente sustentável... quando de fato prezar por sê-lo. A mensagem de apelo "venha fazer sucesso e ganhar dinheiro com a gente" estará sempre lá. Afinal, estamos falando de negócios e isso envolve apelo de sucesso, não?!

Um bom sinal de que a coisa é séria será a promessa de ganhos atraentes, sim, porém não milagrosos: os **retornos propostos** no MMN profissional estão longe da exuberância e rapidez daqueles ofertados em uma pirâmide.

CLIC® 5. No bom MMN há sempre uma **linha de produtos (e/ou serviços)** que dão base à atividade comercial do grupo, tais como utensílios domésticos, eletroeletrônicos, produtos de higiene e limpeza, roupas, cosméticos e produtos relacionados à saúde e ao bem-estar. Normalmente, trata-se de produtos de boa (ou ótima) qualidade e de preços compatíveis com as mesmas categorias nas lojas (às vezes até mais em conta).

Antes de começar, teste você mesmo tais produtos: eles têm verdadeiramente uma relação custo-benefício atraente? Pesquise com cuidado se esses produtos ou serviços de fato têm preços parametrizados com seu mercado, se são realmente competitivos, se têm potencial efetivo de encantamento com o público consumidor.

CLIC® 6. É comum no MMN o líder que lhe faz o convite propor que o potencial ingressante adquira um **kit de entrada**. Até aí, tudo bem, desde que você enxergue valor efetivo no que estiver comprando. Só não vá vender o carro para estocar o quarto e a sala de visitas com a linha completa (e em quantidades exorbitantes!) antes de testar a viabilidade do negócio "para você". Sim, porque a linha pode ser ótima, com preços atraentes, mas... você vai mesmo saber vendê-la? Terá mesmo capacidade de comunicação e bom *networking*? Você conhece uma boa quantidade de gente que irá querer considerar sua nova oferta?

CLIC® 7. Para entrar em um sistema MMN você tem sempre de ser convidado por alguém que já está no esquema: você acredita mesmo na **pessoa** que o está chamando? Você se identifica pessoalmente com esse indivíduo? Constata que esse profissional empreendedor vem obtendo um sucesso sustentável com a linha há pelo menos um ano, ou seja, não é apenas mais um novato empolgado? Por acaso não se trata de alguém apelativo demais, até mesmo forçoso, do tipo que consegue convencer esquimó a comprar gelo?!

Quanto à **empresa** do MMN, em si, ela tem tradição de vários anos? É bem vista no mercado? Penso que será um excelente indício de seriedade se, por exemplo, você identificar que a companhia tem seu capital aberto em bolsa de valores, aqui no Brasil ou pelo menos no exterior, já que vários desses sistemas são de empresas multinacionais.

> **EMPODERAMENTO FINANCEIRO é...** quando você olha aquela proposta de ganhar DINHEIRO FÁCIL trabalhando em casa e tasca: "Ok, essa é boa! Mas aquela do português e do papagaio... é ainda mais engraçada!"

XPTO TOWN LIFE: COMPRA FACILITADA DE IMÓVEL NA PLANTA... PARA INVESTIR OU MORAR!

COMPRAR NA PLANTA É MESMO UMA FORMA TRANQUILA E BARATA DE APLICAR EM IMÓVEIS?

A metade verdadeira

Poder ser dono do teto que cobre a nossa cabeça, ah... mas que sonho! Pena que, depois da acumulação do pé de meia para a aposentadoria, a aquisição da *casa própria* seja o *segundo sonho mais caro* (embora igualmente precioso) da vida da gente — algumas centenas de milhares de reais... ufa! A carga emocional por detrás dessa decisão é enorme e por isso muita gente acaba se atrapalhando na hora de escolher *como* irá comprar aquele sonhado imóvel que pretende chamar de "lar" ou mesmo aquele imóvel legal para investir, alugar e ajudar você a viver de renda no futuro.

A metade mentirosa

Sem levar em conta as consequências financeiras do negócio, tem gente que sai para comprar pão... e volta com um compromisso de compra e venda de imóvel assinado! É fácil ser fisgado por aquele "imperdível lançamento" nas redondezas da sua casa. Afinal, imóvel é patrimônio, quem não quer ter um ou mais? Mas aí devem entrar os cuidados de planejamento financeiro para que esse sonho não se transforme em pesadelo. É comum, por exemplo, confundir-se com o que é, de um lado, a compra parcelada de um *imóvel na planta* (ou já em construção, mas não acabado) e, de outro (bem diferente!) um *financiamento imobiliário*.

Enquanto no financiamento o bem já existe e cobram-se juros pelo empréstimo do dinheiro necessário para adquiri-lo, na compra parcelada na planta há apenas uma *expectativa* de imóvel e não se pode, portanto, cobrar juros no parcelamento. A *entrada baixa* (ou zero!), as *suaves parcelas mensais* e a *ausência de juros* da proposta de compra na planta seduzem muito, mas não se iluda com a aparente leveza financeira disso! Mesmo sem juros, o valor das parcelas subirá ao longo dos meses e ainda mais crítico: na entrega das chaves, o valor do saldo devedor poderá ser substancialmente mais alto do que era no momento da aquisição, lá atrás. Você estará preparado para isso?

A pura verdade!

Durante o período da construção, todas as parcelas ainda não pagas sofrerão a correção pelo INCC | Índice Nacional da Construção Civil, que retrata a inflação no setor de construção de imóveis. Há outros índices tradicionais, porém menos adotados nos contratos, como o CUB Sindus-ConSP | Custo Unitário Básico do Sindicato da Indústria da Construção Civil do Estado de São Paulo. Não duvide: haverá reajuste e ele poderá ser expressivo.

Entenda: é até justo que a construtora/incorporadora lhe cobre esse reajuste: se os preços dos materiais e da mão de obra estiverem subindo durante a construção, ela irá pagar mais caro pelo imóvel que está construindo para você. O importante é não se iludir e ficar pensando que o esforço financeiro será do tamanho que haviam lhe mostrado no ato da compra. Faça as contas certas do tamanho do compromisso assumido para quando o imóvel lhe for entregue, para aguentar o tranco e não abrir o bico! Você... não vai ser negligente aqui, vai?

DICA DE ATITUDE INOVADORA

Calcule bem o tamanho da obrigação financeira que está assumindo ao comprar um imóvel na planta!

CLICS® PARA FAZER SEU DINHEIRO VALER MAIS

CLIC® 1. O comprador de um imóvel na planta deve projetar cuidadosamente o valor corrigido de suas obrigações financeiras, ou seja, a parcela mensal até a entrega das chaves (com eventuais trimestrais, semestrais ou anuais) e, principalmente, o saldo a financiar. Supondo que o INCC fique em uma média de 0,50% ao mês, os cálculos de matemática financeira nos indicam que uma parcela que comece, digamos, com valor de mil reais estará em quase R$ 1,2 mil (R$ 1.197) dali a três anos, ou 36 meses.

O acúmulo do INCC resulta em um aumento total de praticamente 20% em apenas três anos, o que também majora o saldo a financiar: se era de R$ 200 mil com o imóvel na planta, por exemplo, será de R$ 240 mil na entrega das chaves. Isso, fora os juros do financiamento, que começarão a incidir a partir deste ponto.

Aliás, tem certeza de que conseguirá a liberação do financiamento necessário na entrega das chaves? Muitos se veem em aperto por não pensar nisso antes e só então acabam descobrindo que, mesmo financiando em trinta anos, o valor da parcela ficará acima dos 30% máximos permitidos de comprometimento da renda mensal com o financiamento.

CLIC® 2. Financiar logo de cara um imóvel já pronto, saindo imediatamente do aluguel, pode ser muito vantajoso, desde que seja pelo **SFH | Sistema Financeiro de Habitação** (ou financiamento imobiliário equiparável).

O SFH é a linha de financiamento habitacional mais popular e conhecida do país. Por lei, no SFH a taxa de juros não pode ultrapassar 12% ao ano (ou 0,95% ao mês), mas já existem hoje no mercado taxas menores, inclusive inferiores a 8% ao ano (menos que 0,64% ao mês). A maioria das taxas dos financiamentos pelo SFH fica em torno de 10% ao ano (0,80% ao mês).

No SFH a correção monetária é feita pela *TR | Taxa Referencial* ou, como normalmente consta nos contratos: "correção monetária pelo índice de reajuste da Caderneta de Poupança", índice que atualmente tem crescimento de 0% mês após mês (ou muito próximo de zero). Na ponta do lápis, isso significa que as parcelas não sofrem correção monetária e, por isso, não sobem de valor. Parcelas fixas, na prática, são seguramente uma boa ajuda ao planejamento financeiro do tomador do empréstimo habitacional.

O *IOF | Imposto sobre Operações Financeiras* — normalmente cobrado em todas as várias modalidades de crédito ofertadas no país, como empréstimos pessoais, cheque especial, rotativo do cartão de crédito etc. — recebe total isenção no SFH, barateando o custo final do financiamento para o tomador.

Pelo SFH, o saldo da conta de *FGTS | Fundo de Garantia por Tempo de Serviço* do trabalhador pode ser utilizado para dar como entrada no financiamento do imóvel, para reduzir o valor das prestações ou ainda para diminuir o número de prestações, quitando antecipadamente parte do saldo devedor a qualquer momento do processo, o que tornará a aquisição do imóvel bem mais viável para o bolso. (Obs.: essa opção somente é válida para trabalhadores com registro em carteira pela CLT). Então... demorou, né?!

CLIC® 3. Para compor cada parcela do financiamento imobiliário, soma-se a parte da amortização com a parte dos juros, mais o seguro habitacional e a tarifa de serviços de administração. A soma desses valores forma o valor total da parcela, que, ainda por cima, deve ser reajustado todos os meses pelo índice de inflação previsto no contrato. Aí está a grande sacada financeira do SFH: a *correção monetária* é pela **TR | Taxa Referencial**, e não por um índice de inflação de mercado qualquer.

O objetivo da correção monetária é resguardar os interesses financeiros do banco credor, corrigindo monetariamente o valor de cada parcela a cada mês para compensar o desgaste do poder de compra provocado pela inflação. Isto é mais que justo em contratos de longa duração e não quer dizer que o credor estará ganhando com tais reajustes; ele apenas deixará de perder (seu ganho estará nos juros, no seguro e nas taxas). No caso do SFH, esse índice de correção monetária é a TR, o que se constitui em uma *enorme vantagem financeira* em comparação aos contratos fora do SFH, que têm reajuste por índices como o IGP-M ou o IPCA.

Enquanto índices convencionais como o INPC, o IPCA e o IGP-M vêm acumulando reajustes médios anuais entre 5% e 6% (entre 0,40% e 0,50% ao mês), tem sido bem diferente com a TR ao longo das últimas décadas. Por causa da intensa redução promovida nos juros básicos brasileiros (taxa Selic), que impacta diretamente a fórmula de cálculo da Taxa Referencial (a qual, para melhorar a coisa toda, tem um fortíssimo redutor embutido), a TR vem registrando aumento próximo de 0% nos últimos meses e continuará assim enquanto a inflação e os juros básicos estiverem baixos.

Segundo o governo, essa é uma conjuntura econômica que veio para ficar. Ainda que não seja o caso, imaginando que a inflação e os juros básicos voltem a subir, a TR sempre permanecerá tremendamente defasada em relação à inflação oficial, oferecendo essa mesma vantagem financeira prática para o tomador do financiamento. Portanto, para quem acredita na manutenção da TR zerada ou baixa, o "detalhe" da correção pela TR, na prática, é que as prestações do SFH *não serão corrigidas* com o passar do tempo.

De outro lado, é certo que seu salário, independentemente de promoções, subirá a cada ano com a inflação, no dissídio anual de sua categoria. Se tiver um negócio próprio, você provavelmente corrigirá seus preços com alguma regularidade. Enfim, seu poder de compra será periodicamente corrigido, mas a prestação do SFH ficará intocada, na Tabela Price, ou inclusive sofrerá *reduções reais*, na Tabela SAC. Resultado: ficará mais fácil se livrar de seu financiamento habitacional e, enfim, transformar a casa *financiada* em casa *própria*!

EMPODERAMENTO FINANCEIRO é... quando você olha aquele "imperdível" LANÇAMENTO DE IMÓVEL NA PLANTA e diz: "Aí, gostei! Gostei tanto que vou esperar ver construído, para conferir se será essa maravilha toda. Enquanto isso, vou me preparando financeiramente, aplicando todos os meses a mesma quantia que eu pagaria de parcelas durante a construção!"

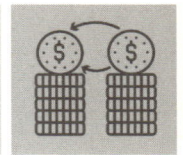

PARA QUE TER VÁRIOS BANCOS SE VOCÊ GANHA MAIS COM SEU DINHEIRO NO XPTO BANK?!

NA ERA DO DIGITAL BANKING, QUE VANTAGEM HÁ EM CONCENTRAR SUA VIDA FINANCEIRA?

A metade verdadeira

A vida da gente anda muito complexa, muito cheia de coisas para cuidar. Assim, sempre que nos é possível *centralizar as soluções* em um único fornecedor, acabamos dando preferência a isso. As compras de supermercado, por exemplo: a gente vive querendo se convencer de que algum supermercado perto de casa tem sempre as melhores ofertas, porque ficar batendo perna entre dois ou três estabelecimentos diferentes para fechar a compra de cada mês dá um trabalhão danado! O mesmo ocorre com o cabeleireiro, a lavanderia e a pet shop: queremos nos fidelizar porque, para o consumidor, a fidelização é mais prática.

A metade mentirosa

Quando o *fornecedor* sabe que tem o *comprador/consumidor* na mão, ah… isso é sempre um perigo! A tendência de prestar maus serviços e cobrar mais caro do cliente cativo sempre existe. É como o parceiro que maltrata o outro no relacionamento conjugal justamente porque estão casados "até que a morte os separe". Isto também ocorre com os *serviços bancários*, por exemplo. Os bancos insistem na fidelização porque querem faturar o maior tíquete médio por cliente — mas para o correntista isso raramente é uma boa.

A pura verdade!

De uns dez anos para cá, os serviços bancários normalmente têm sido vendidos por *pacotes*. O correntista tende a negligenciar a análise do seu pacote e acaba se acomodando em um só banco. Com o tempo, o pacote vai ficando caro e desajustado (quando não é o caso já na largada). Isto, quando o gerente não promove um esperto *"upgrade"* sem a sua solicitação e com preço obviamente mais alto. Você só se dará conta de que está pagando R$ 23 a mais por mês... doze meses depois, após ter perdido R$ 276! Tchauzinho para o jantar a dois naquele restaurante descolado, com um bom vinho italiano e muito romance...

DICA DE ATITUDE INOVADORA

Estamos na era digital: não limite sua vida financeira às soluções de uma só instituição financeira!

CLICS® PARA FAZER SEU DINHEIRO VALER MAIS

CLIC® 1. Essa coisa toda de banco acabou ficando parecida com os serviços de telefonia celular. De tempos em tempos, algo como uma vez por ano, vale a pena pesquisar para ver se o seu banco não anda abusando da sua fidelização inercial. Confira o seu pacote de tarifas, veja o que está incluso, quanto estão lhe cobrando e o que você realmente usa de serviços do banco. Compare com um outro grande banco de varejo e ainda com pelo menos um banco digital. Não hesite em fazer a troca se compensar!

CLIC® 2. No momento em que tentar trocar seu banco é justamente quando perceberá até que ponto você de fato está usando seu banco... ou *sendo usado* por ele! Se tem a conta sempre positiva, se tem investimentos diversificados, fazer a migração será rapidinho e o novo banco o receberá "de braços abertos" (cuidado: não entre "de bolsos abertos"!).

Se, por outro lado, você estiver na pendura de um monte de dívidas com o banco anterior, apesar da possibilidade formal de fazer a portabilidade dos créditos, a transferência da sua vida bancária de uma instituição para outra será bem mais complicada, se é que será viável, na prática. Nunca se permita **ficar amarrado em dívidas** a nenhum banco!

CLIC® 3. Experimente os **bancos digitais**. Se você tem alguma familiaridade com o *internet banking* do seu banco convencional, verá que um banco 100% digital pode ter ferramentas melhores e mais ágeis para atendê-lo. Desprenda-se da noção meramente psicológica de que será mais bem atendido se tiver um gerente de carne e osso para atendê-lo numa agência com endereço físico e café (ainda tem?) frio. Bancos digitais costumam ser mais ágeis, flexíveis e baratos que os convencionais. Já tem até banco cobrando absolutamente zero por diversos tipos de serviços.

CLIC® 4. Experimente o **cooperativismo financeiro**. Apesar de muito tradicional no país, porque nossas principais cooperativas financeiras têm várias décadas de vida, o cooperativismo "de crédito", como normalmente é conhecido, ganhou muita força nos últimos anos e já é a sexta maior instituição financeira do país. Antigamente fechadas, muitas dessas cooperativas já atuam hoje com *livre adesão*.

A grande diferença? Cooperativas são organizações *sem fins lucrativos*, o que normalmente se traduz em serviços melhores, atendimento pessoal mais próximo, tarifas e taxas mais baixas, além de benefícios como acesso a palestras e cursos de programas educacionais em Finanças Pessoais e Empreendedorismo. A segurança é grande, porque são igualmente regulados pelo Banco Central e têm até o FGCoop, um paralelo idêntico ao FGC | Fundo Garantidor de Crédito, que protege o correntista em até R$ 250 mil (por CPF de correntista e por CNPJ de instituição).

EMPODERAMENTO FINANCEIRO é... quando você olha o seu BANCO TRADICIONAL nos olhos e diz: "Ok, foi um longo relacionamento, mas creio que acabei sendo mais FIEL do que você, meu bem. Agora eu sigo adiante para singrar novos mares, desejando boa sorte aos náufragos que ficam teimando em continuar ouvindo o canto da sereia!"

CAPITALIZAÇÃO XPTO TOPCAP: CONCORRA A MILHÕES EM PRÊMIOS... E TIRE A SORTE GRANDE!

TÍTULOS DE CAPITALIZAÇÃO SÃO MESMO UMA BOA FORMA DE FAZER POUPANÇA "FORÇADA"?

A metade verdadeira

O brasileiro típico não tem o hábito de fazer *poupança*. Isso é muito ruim, porque quem não poupa será eternamente dependente financeiro das dívidas e de pagar altos juros para o banco quando aluga dinheiro de forma não planejada e, muitas vezes, emergencial.

Daí o gerente do banco lhe sugere (em tentativa de venda casada ou não) aplicar em um *título de capitalização*: "Olha, vai ser descontado um pouquinho só por mês, você nem vai perceber e será um jeito de fazer uma poupança forçada!" Pois é... quando a gente está no "zero a zero" no jogo da poupança, uma proposta dessas tem lá seu apelo à consciência... Daí vem o apelo "matador": "E você concorre a diversos prêmios todo mês. Vai que acaba ganhando e ajeita a vida, não é?!"

A metade mentirosa

Sim, o título de capitalização tem esse efeito disciplinador rumo à poupança, o que é positivo. No entanto, o apelo de jogo de azar acaba seduzindo a maioria dos aplicadores como sendo o principal, e isso é uma roubada financeira. Estatisticamente falando, pouquíssimos serão sorteados (como, aliás, em qualquer sistema de loteria), porém todos pagarão a conta dos sorteios de uma forma muito desagradável para o bolso: rentabilidade zero e correção monetária deficiente. Isto, quando não estivermos falando inclusive de potencial perda de boa parte do capital empatado! Sim, pode acontecer.

A pura verdade!

Pelo funcionamento padrão de um título de capitalização, por um período certo de meses você pagará um valor mensal fixo. Durante toda a vigência do título, você concorrerá aos sorteios, nos quais, estatisticamente falando, nunca ganhará. Certo, alguém sempre ganha... mas nunca é a gente! Ao final dos meses contratados, o capital aplicado será devolvido a você *sem juros*, com *correção monetária defasada* pela TR. Pior: se sair durante a vigência, há uma penalização de saída, inclusive com o desconto de uma parte (expressiva!) do capital acumulado. Tudo isso considerado dá para concluir que se trata de um bom investimento?

DICA DE ATITUDE INOVADORA

Se quer aprender a poupar e investir, escolha uma aplicação que lhe pague juros, não "prêmios"!

CLICS® PARA FAZER SEU DINHEIRO VALER MAIS

CLIC® 1. Se você atualmente não tem conseguido poupar, o importante é começar o quanto antes a edificar em seu comportamento consumidor o bom hábito da poupança. Se hoje ainda não está poupando é porque suas contas, compras e gastos ainda não estão devidamente organizados em um orçamento pessoal e familiar equilibrado, no qual suas entradas (receitas) estejam balanceadas corretamente com suas saídas (despesas), assim abrindo uma diferença positiva de poupança todo mês. Então, sua estratégia poupadora de iniciante deverá ser gradual.

Comece com R$ 50 (ou R$ 100) poupados e aplicados, logo no mês que vem. Da primeira grana que entrar no mês, fruto do seu salário ou ganho do seu negócio próprio, pegue R$ 50 (melhor se já puder ser logo R$ 100), abra uma caderneta de poupança mesmo (mais para a frente você dinamizará isso) e invista lá. No mês seguinte, dobre a meta: coloque R$ 100 (ou R$ 200). Daí, vá poupando dessa forma gradativa, mês após mês, até chegar a pelo menos 10% de poupança daquilo que você ganha todo mês.

CLIC® 2. Quando você menos esperar, perceberá que já está poupando uma parte substancial da sua renda e terá se adaptado para viver adequadamente com o que "sobrar". É lógico que você terá de correr atrás de fazer enxugamentos sábios no orçamento, prezando por ter *gastos mais econômicos*, e isso será um excelente progresso rumo à conquista da prosperidade equilibrada, sustentável, duradoura e solidária.

Nossa Central de Conteúdo Digital Multimídia www.vamosprosperar.com.br tem boas opções de planilhas e outras ferramentas digitais para quem quiser **controlar os gastos**. Agora, veja: o esforço de planejar e controlar deve vir do fundo de sua "alma consumidora"! Vale a pena: com o tempo, sua *autoestima financeira* se elevará e você perceberá que pode, sim, *gastar melhor*, e que pode, com certeza, poupar para concretizar seus sonhos, sem ter de apelar eternamente para as dívidas!

CLIC® 3. Talvez você não consiga hoje poupar porque sofre com retiradas variáveis do seu negócio próprio, já que em todo negócio existe uma certa sazonalidade de receitas. Mas você pode perfeitamente equacionar essa questão traçando um bom planejamento financeiro e formando uma **reserva financeira de balanceamento da renda flutuante**.

O primeiro passo será calcular uma *média estimada dos ganhos mensais* projetados de forma realista. Comece somando as retiradas realisticamente previstas para o decorrer do próximo ano e divida a soma por doze meses. O valor obtido será a média que a família do empresário, provavelmente, terá disponível para gastar todos os meses. Aplique aí um desconto de 20% para dar uma boa margem de segurança.

Por *exemplo*, vamos imaginar que a soma anual prevista para retiradas, conforme o planejamento de faturamento e fluxo de caixa da empresa, comporte R$ 60 mil, que divididos por doze meses equivalem a R$ 5 mil/mês. Desconte disso 20% e chegaremos a R$ 4 mil/mês. Essa será a renda média que o negócio proporcionará ao empreendedor. Haverá meses em que a retirada ficará acima da média; noutros, abaixo.

O fato é que a família do empresário jamais deverá se lançar a um padrão de consumo mensal que ultrapasse essa *média dos seus ganhos mensais*. Aliás, não deverá sequer gastar toda essa disponibilidade: recomendo tentar separar pelo menos 10% dessa receita mensal estimada para os *investimentos pessoais de longo prazo* da família. Os 90% que restarem, esses sim, poderão ser destinados a bancar as *despesas* do mês a mês.

Por exemplo: dos R$ 4 mil, recomendo poupar 10% ao mês, ou R$ 400, deixando livres para gastos os outros 90%, ou R$ 3.600. Partindo desse número, o empresário e sua família devem promover os enxugamentos necessários no orçamento familiar para que todas as suas despesas mensais caibam, de fato, dentro desses 90% da sua receita mensal estimada, o que constituirá as *despesas familiares planejadas*.

O próximo passo será formar uma *reserva financeira de balanceamento da renda flutuante*. Escolha uma aplicação financeira de curto prazo (pode ser a Caderneta de Poupança, por exemplo, ou algum FIF DI ou Renda Fixa do seu banco) para nela depositar todos os meses os eventuais ganhos que vierem a superar, nos meses de renda mais alta que a média, a receita mensal média calculada.

Assim será formado um *colchão de proteção financeira* para atenuar os potenciais efeitos negativos da renda que varia. O tamanho mínimo recomendado para essa reserva deve ser igual a *quatro vezes* a média mensal planejada para as despesas familiares. Em nosso exemplo, isso dá R$ 4 mil × 4 = R$ 16 mil. (Uma reserva de *seis* ou *doze* vezes lhe dará ainda mais segurança, porém comece pelo *possível* para chegar um dia ao *ideal*).

Quando o mês for "gordo", o excedente não deverá ser gasto, mas reservado na aplicação financeira. Tirou R$ 6 mil do negócio? Ótimo! R$ 4 mil estarão disponíveis como renda efetiva do empresário e os R$ 2 mil restantes devem ir para a aplicação de curto prazo, engrossando o colchão de proteção financeira da família. De forma oposta, quando o mês for mais "magro", isto é, quando as receitas apuradas em certo mês não cobrirem o total das despesas planejadas, o empresário sacará da aplicação a *complementação* necessária, balanceando a renda para dar conta dos gastos.

Por exemplo: se a retirada em um mês for de R$ 2 mil, outros R$ 2 mil serão sacados da aplicação para cobrir o rombo. Assim que o fluxo se inverter e voltar a entrar mais dinheiro nos meses seguintes, o dinheiro sacado antes deverá ser *devolvido* para a aplicação financeira, e assim sucessivamente ao longo do ano.

Essa técnica requer algum esforço de planejamento e disciplina no dia a dia, mas é uma saída para evitar o uso mal planejado de opções de crédito mais rápidas e facilitadas, porém muito caras, como o cheque especial e o crédito rotativo ou parcelamento automático do cartão de crédito. Partindo daí, será possível abrir em seu orçamento familiar uma saudável *capacidade mensal de poupança* que o levará a acumular para realizar seus sonhos pagando sempre à vista e com desconto, fazendo excelentes negócios!

EMPODERAMENTO FINANCEIRO é... quando você olha aquele dinheirinho que estava pensando em enterrar num TÍTULO DE CAPITALIZAÇÃO todo mês... e volta atrás, ou melhor, "à frente": "Nããã... você vai é para o Tesouro Direto, bonitinho, porque poupar não é nada fácil e eu quero é MULTIPLICAR minha grana!"

CORRETORA XPTO INVEST: ABANDONE AS OPÇÕES CONVENCIONAIS... E VENHA GANHAR MAIS!

OS INVESTIMENTOS "CLÁSSICOS" AINDA PODEM COLOCAR UM BOM DINHEIRO NO SEU BOLSO?

A metade verdadeira

Você olha para a caderneta de poupança rendendo 0,45% ao mês... e chora! *"Isto é pouco demais, assim não dá para ganhar nada!"* Daí ouve no rádio que a taxa de juros básicos da economia brasileira (a tal taxa Selic) está caindo, o que puxará para baixo a rentabilidade das aplicações conservadoras. Desanimado com os prováveis ganhos diminutos (pelo menos em sua primeira impressão) das aplicações convencionais, você logo pensa em não juntar nada, mesmo, ou...

A metade mentirosa

É justamente em meio a esse estado de desânimo poupador e investidor que surge aquele agressivo jovem agente autônomo representante da Corretora XPTO Investimentos. Ele reforça tudo o que já está, de certa forma, em sua mente... e lhe propõe alguns investimentos "inovadores", com

89

"excelentes perspectivas de resultados". Por coincidência, são opções de risco nas quais ele é tremendamente bem comissionado. Aliás, prepare-se: ele ficará na sua cola para, de tempos em tempos, trocar de posição investidora, porque é no *flipping* constante que boa parte desse pessoal ganha muito dinheiro... sim: do *seu* dinheiro, aquele que veio do trabalho!

Ah, se isso não acontecer, também pode ser que você caia naquele sedutor *e-mail marketing* da Analiticus, um pessoal que descobriu "segredos de mercado" que não conta a ninguém... ou melhor, só contará a você, assinante *premium* dos relatórios exclusivos dessa consultoria. Quando se der conta, você já terá comprado um "combo de treze assinaturas que farão você enriquecer em menos de seis meses"! Uma ou outra dica, aqui e ali, até há de funcionar... porém, no final de tudo, você verá que se trata apenas de mais do seu rico dinheirinho sendo jogado no lixo!

A pura verdade!

Dinamizar seus investimentos é sempre importante. Para isso, você não precisa (acredito mesmo que *não deve*) abrir mão de um certo conservadorismo. Afinal, seu dinheiro é fruto do seu trabalho honesto e suado, e com dinheiro assim a gente não faz graça, não arrisca à toa. Por outro lado, se você *calcular direito* o potencial ganho das aplicações chamadas convencionais, verá que elas – se bem escolhidas – poderão colocar um bom dinheiro novo no seu bolso. Você quer se dar essa chance... ou cairá no conto dos ganhos rápidos e fáceis das aplicações imperdíveis que o seu cunhado diz já ter feito (embora ele tenha colocado só R$ 500 na brincadeira e você não saiba disso)?

DICA DE ATITUDE INOVADORA

Experimente a força dos juros sobre juros acumulados no tempo nas aplicações mais tradicionais!

CLICS® PARA FAZER SEU DINHEIRO VALER MAIS

CLIC® 1. Se as aplicações convencionais parecem pagar pouco... você precisa trocar suas lentes! O Brasil, acredite no que digo, é um dos países do globo que melhor remunera o pequeno investidor nas aplicações tradicionais. Mas onde estaria o erro na interpretação de que a rentabilidade é pequena demais? Talvez em uma distorcida visão de curtíssimo prazo: jamais devemos avaliar o retorno das aplicações financeiras somente por sua rentabilidade mensal, mas sim por sua rentabilidade acumulada ao longo dos meses e anos.

Isso faz uma diferença quase inacreditável, porém muito concreta quando calculada *na ponta do lápis*. E não vale só para os dias de hoje no mercado financeiro brasileiro: é um raciocínio que se aplica a qualquer momento histórico de qualquer mercado financeiro do globo. Acompanhe minhas contas e descubra o que diversos investidores multiplicadores experientes já conhecem... e já aproveitam há muito tempo: **RLRA**!

O conceito de *rentabilidade* que de fato deve interessar ao investidor dinâmico é a *rentabilidade líquida real acumulada* (vou usar a abreviação RLRA, tomando a primeira letra de cada palavra deste conceito completo e acabado de rentabilidade nas aplicações financeiras). Guarde esta sigla: RLRA, pois ela fará o "milagre da multiplicação" com seu dinheiro!

CLIC® 2. Imagine que nos próximos cinco anos a inflação "se acalme" um pouco e a *caderneta de poupança* consiga produzir pelo menos uma *rentabilidade líquida real mensal* (RLRM) de 0,10% (o que seria hoje algo mais próximo da realidade média dos CDBs de varejo). Assim, aplicando R$ 10 mil na caderneta de poupança com esta rentabilidade, o investidor terá daqui a cinco anos R$ 10.618 em valores do momento da aplicação, mas devidamente corrigidos para o momento do resgate pela inflação acumulada nesse período de sessenta meses, para preservar o poder de compra do dinheiro.

Essa aplicação convencional resultará, portanto, em um ganho líquido real acumulado em cinco anos de R$ 618 ou 6,18%. Concordo: não é lá muita coisa, mas vale lembrar que esse acréscimo seria feito sem esforço algum, apenas contando com o tradicionalismo e a notória segurança da poupança. É assim mesmo: quem não está disposto a deixar o extremamente trivial tem de se contentar com o pouco dinamismo relativo que ele tem a oferecer. Bem, esse não é o seu caso, pois sei que está em busca de algo mais digno para seu suado dinheiro!

Os mesmos R$ 10 mil aplicados em títulos do **Tesouro Direto** com rentabilidade líquida real mensal (RLRM) de 0,30% resultariam em R$ 11.969. Assim, apuramos que a RLRA no período seria de R$ 1.969, ou 19,69%. Isso equivale a 320% daquilo que lhe teria pago a caderneta nos mesmos sessenta meses, com exatamente a mesma segurança (talvez até maior!) para o lado dos títulos e inclusive a mesma liquidez, acessibilidade e praticidade. Quer ganhar, em termos reais, um real ou R$ 3,20 em diferentes aplicações com idênticas condições? Você é quem sabe do dinamismo que deseja para a multiplicação do seu dinheiro!

CLIC® 3. É no **longo prazo** que a *rentabilidade acumulada* revela sua tremenda força diferencial. Quando colocamos na ponta do lápis o retorno que podemos obter de diferentes aplicações financeiras em termos de RLRA, enxergamos claramente que investimentos mais dinâmicos têm um *tremendo potencial multiplicador* e podem colocar *muito mais dinheiro* no seu bolso do que as aplicações convencionais. Para que isso se torne realidade em sua carreira de investidor, será necessário dar tempo ao tempo, pois é no longo prazo que a rentabilidade se acumula em progressão geométrica e mostra sua plena força multiplicadora.

Vamos imaginar o caso de um investidor que trace a meta de formar uma reserva financeira para sua *aposentadoria*. Partindo de um bom planejamento financeiro, ele se dispõe a aplicar mil reais por mês durante trezentos e sessenta meses, ou trinta anos, direcionando essa mensalidade para a *poupança ou equivalente*, com uma RLRM esperada de 0,10%. Qual será o custo envolvido em comparação com o benefício colhido?

Tal aplicador teria empatado nesse seu plano de investimento o total de R$ 360 mil (= R$ 1 mil mensais × 360 meses). No entanto, em função dos juros ganhos cumulativamente na aplicação, o investidor teria acumulado na poupança, no final desses trinta anos, a bolada de R$ 433 mil em valores de hoje, mas então devidamente corrigidos para valores da época. Assim, a RLRA nessa aplicação convencional teria sido de R$ 73 mil (= R$ 433 mil acumulados − R$ 360 mil aplicados). Isso dá 20% acumulados no período. Um imóvel que você compra hoje não terá 20% a mais de metragem quadrada daqui a trinta anos, terá?

CLIC® 4. O **efeito multiplicador a longo prazo** acima não é nada ruim, mas poderia ser ainda melhor, *bem* melhor, aliás! O mesmo esforço poupador e investidor mensal direcionado para uma aplicação mais dinâmica, porém ainda muito clássica, como os títulos do *Tesouro Direto*, com RLRM de 0,30%, resultaria em R$ 647 mil, com uma RLRA de R$ 287 mil (= R$ 647 mil acumulados – R$ 360 mil aplicados). Isso dá nada menos que 80% de RLRA no período! É quase como comprar um imóvel, pagar parcelado e ter *dois* daqui a trinta anos!

Nesse caso, o ganho líquido real acumulado teria sido o equivalente a *quatro vezes* o que se conseguiria obter na poupança! Que tal lhe parece essa diferença? E isso, note bem, sem correr riscos desnecessários, sem travar sua liquidez, aplicando só em "papéis" de elevada segurança do Tesouro Direto. Não lhe parece muito mais atraente?

> **EMPODERAMENTO FINANCEIRO é...** quando você olha para aquele corretor "espertinho", que quer atirar seu dinheiro na "brasa ardente", e diz para ele: "Vai fundo e põe teu próprio bife nessa churrasqueira, meu amigo. Quanto a mim... vou preferir cozinhar minhas costelinhas no bafo, porque carne dura me dá indigestão!"!

FUNDOS DE INVESTIMENTO XPTO: SEU DINHEIRO RENDE MAIS NAS MÃOS DE ESPECIALISTAS!

COMO É COBRADA A TAXA DE ADMINISTRAÇÃO DOS FUNDOS DE INVESTIMENTO? COMPENSA?

A metade verdadeira

Se você não tem tempo nem conhecimento para comprar e vender ativos financeiros diretamente, tais como CDBS e outros títulos de bancos, debêntures e demais títulos privados de empresas, títulos da dívida pública do governo federal ou mesmo ações negociadas nas bolsas de valores, o mais indicado parece ser a aplicação de suas reservas financeiras em *fundos de investimento*.

No caso de um FIF | Fundo de Investimento Financeiro, o patrimônio de todos os cotistas (dentre eles, você) será gerido por um administrador experiente, que ficará responsável por fazer as compras e vendas de acordo com a categoria do fundo (sujeito a regras e monitoramento pelo Banco Central e pela Comissão de Valores Mobiliários), visando obter ganhos negociais que cobrirão sua taxa de administração e ainda colocarão dinheiro líquido no bolso dos cotistas. Economicamente falando, faz sentido.

A metade mentirosa

No caso de fundos de *gestão ativa*, como alguns fundos de ações e multimercados, de fato serão fundamentais para o desempenho da aplicação quesitos como a experiência, a visão macroeconômica, a visão dos mercados, a *expertise* e o trabalho dedicado do gestor. Tudo isso tem seu valor... e tem seu preço. Em outras palavras, nestes casos a taxa de administração pode compensar.

No entanto, para FIFS "de varejão", como FIFS Renda Fixa ou DI, que aplicam a maior parte de seu patrimônio quase automaticamente nos mesmos títulos públicos que estão disponíveis para compra direta de pequenos investidores no canal Tesouro Direto ou em CDBS e outros títulos que você mesmo pode comprar (com um mínimo de esforço e dedicação) através de sua corretora de valores *on-line*, aí a taxa de administração, conforme sua porcentagem mais elevada, pode pesar demais, fazendo com que diversos desses fundos tenham rendimento líquido próximo (ou até inferior) à própria caderneta de poupança!

A pura verdade!

A taxa de administração costuma ser de *poucos pontos* percentuais, o que não deve ser interpretado pelo aplicador como algo "inocente". Vamos pensar em uma taxa de 2% ao ano, por exemplo. Isto parece bem menos do que a menor alíquota vigente de Imposto de Renda, que é de 15%. Mas a taxa de administração é devida nesta porcentagem anual (embora cobrada diariamente ou mensalmente de forma proporcional) sobre o *total do patrimônio* do fundo, enquanto o IR incide apenas sobre os *eventuais ganhos*. E isto faz *muita* diferença: conforme esta regra, a taxa de administração é cobrada até mesmo se *não houver ganhos*, inclusive *se houver perdas*, na gestão do patrimônio do fundo. Você... acha mesmo que esse é um jeito eficaz de multiplicar o dinheiro de seus investimentos?

DICA DE ATITUDE INOVADORA

Somente aplique em fundos de investimentos com taxas baixas e/ou gestão ativa e competente!

CLICS® PARA FAZER SEU DINHEIRO VALER MAIS

CLIC® 1. Antes de concordar em aplicar num FIF pagando determinada taxa de administração, faça as contas na ponta do lápis. Imagine um FIF DI cuja rentabilidade se iguale à da taxa Selic (situação muito comum no mercado). Imagine a Selic como sendo, digamos, de 10% ao ano. Imagine então a caderneta de poupança rendendo 7% no acumulado do mesmo ano. Uma comparação rápida apontaria para a caderneta pagando bem menos que o FIF, certo? Puro engano!

A rentabilidade da poupança, mesmo não sendo fantástica, é *isenta* de qualquer taxa e até mesmo de IR. O fundo, no entanto, pagará ambos. Investindo em um horizonte superior a dois anos, a menor alíquota de IR será de 15%: dos R$ 10 ganhos a cada R$ 100 em um ano, R$ 1,50 seriam devidos por conta de IR. Até aí, a regra é praticamente a mesma para todas as aplicações conservadoras.

No entanto, com uma taxa de administração de 2% ao ano, incidente sobre *todo o patrimônio*, este cotista pagaria 2% * R$ 110 = R$ 2,20. Esta cobrança é quase 50% superior à cobrança do IR e, somando-se a ela, faz o fundo render somente R$ 6,30 = R$ 110 − R$ 100 (aplicados) − R$ 1,50 (IR) − R$ 2,20 (tx. adm.). Isto dá apenas 6,3% de rentabilidade ao ano, abaixo inclusive da própria caderneta!

CLIC® 2. Não é incomum a situação em que uma mesma administradora de fundos tem **duas opções de FIFs** de uma mesma categoria, nas quais eles são muito parecidos em termos de composição de carteira ou de política de gestão e, portanto, com perspectivas similares de ganhos brutos, porém com taxas de administração *bem distintas*, o que afetará bastante a rentabilidade *líquida* de cada um — aquilo que no fundo é o que interessa a você, aplicador. É só a taxa de rentabilidade líquida que tem potencial para multiplicar o capital investido.

A restrição existente é que o fundo com taxa menor pede um *aporte inicial* maior. Se esse for o caso, tudo bem, nem tudo está perdido. Você então não irá aplicar logo de cara no fundo com taxa maior. O que fará é acumular o dinheiro na caderneta de poupança mesmo. Quando já tiver o equivalente ao valor inicial de aporte do fundo com relação custo-benefício mais vantajoso, por causa da taxa razoável, aí sim você realizará a migração.

CLIC® 3. O canal **Tesouro Direto** foi criado para permitir a microinvestidores realizar aplicações mensais a partir de R$ 30, com muita praticidade e segurança. Os títulos públicos lá negociados, apesar de muito seguros, oferecem em comparação às aplicações tradicionais uma surpreendente diferença positiva em termos de sua *rentabilidade líquida real acumulada* ao longo dos anos. A rentabilidade líquida real *mensal* fica entre 0,20% e 0,40%. Embora isso possa parecer pouco, a rentabilidade *acumulada* mostra a enorme vantagem multiplicadora deste "pequeno" diferencial mensal:

- EM 2 ANOS: 5% a 10%
- EM 5 ANOS: 13% a 27%
- EM 10 ANOS: 27% a 61%
- EM 20 ANOS: 49% a 161% (capital pode dobrar!)
- EM 30 ANOS: 105% a 221% (capital pode triplicar!)

CLIC® 4. Abrindo conta numa corretora de valores *on-line*, o que pode ser feito sem custo algum, seja para abrir, seja para manter, qualquer pequeno investidor poderá aplicar em ações pelo **sistema home broker** da BM&FBovespa. O investidor que estiver disposto a direcionar seu esforço poupador & investidor mensal regularmente para a compra direta de boas ações, durante vários meses e anos no longo prazo, simplesmente não tem como errar.

O mercado acionário tem uma *racionalidade de longo prazo* que tende a valorizar de forma diferenciada ativos financeiros de verdadeira qualidade intrínseca, aqueles que têm seu lastro na exploração de uma atividade econômica bem focada, bem administrada e operacionalmente lucrativa. Estes ativos podem cair acentuadamente de preço em determinados momentos mais especulativos do mercado, mas se tendem a ficar muito baratos com o passar do tempo, atraem a atenção de compradores internacionais em busca de boas ofertas. Daí seu preço se recompõe e se valoriza de forma diferenciada.

Mais uma vez, é a velha e boa *lei da oferta e da demanda* trabalhando a favor da estabilização e racionalização dos mercados de valores mobiliários ao longo do tempo. Na prática, as estatísticas de longo prazo das bolsas comprovam esta tese. Se você enxerga motivos para concordar com este raciocínio (e é fundamental que tenha sua própria opinião formada a respeito, porque o dinheiro *é seu*), então não resta dúvida de que as ações de boas empresas brasileiras são as aplicações financeiras mais indicadas para a valorização diferenciada de seus investimentos de longo (ou longuíssimo) prazo.

EMPODERAMENTO FINANCEIRO é... quando você olha um fundo de investimento com taxa de administração ALTA e confessa: "Se é para ganhar tudo isso aí só para cuidar do meu dinheiro no sossego da gestão passiva, cuido eu... e GANHO EU!"

XPTO COIN: NÃO FIQUE DE FORA DESTA GRANDE OPORTUNIDADE COM VALORIZAÇÃO ACELERADA!

QUAL O "SEGREDO" DAS APLICAÇÕES QUE PROMETEM ALTÍSSIMOS LUCROS COM BAIXO RISCO?

A metade verdadeira

Como que do nada, uma nova ideia de "negócio", de cunho um tanto revolucionário, aliás, é lançada com estrondo no mercado. Por essa proposta, qualquer pessoa pode aplicar uma *pequena quantia*, de forma muito prática, de preferência totalmente virtual, com expectativa de *ganhos exponenciais*.

Em princípio, a tal atividade não é regulamentada, mas também não é proibida. À primeira vista, pelo menos, não parece ser algo *ilegal*. E no começo, parece que funciona, porque mais e mais pessoas vão aderindo e o tal esquema vai ganhando peso, vai se valorizando a cada dia. O início de uma pirâmide financeira, de qualquer pretexto (e olha que houve todo tipo de esquema no último século), é sempre promissor.

A metade mentirosa

O problema é que, para continuar virando e enchendo o bolso de alguns felizardos, o esquema precisa de uma quantidade cada vez maior de entrantes, de novos pagantes. A comparação com a figura geométrica da pirâmide se encaixa como uma luva: para que o topo da pirâmide continue recebendo/tirando dinheiro, mais e mais gente tem que estar na base pagando/colocando grana. Quando a pirâmide desacelera (e, mais hora, menos hora, isso inevitavelmente acontece!), ela simplesmente desmorona: quem levou, levou. Agora, quem não...

Os poucos que levaram muito não têm do que reclamar — ao contrário dos muitos que sempre acabam perdendo, pelo menos um pouco... e às vezes até muito! Um esquema de pirâmide jamais produz riqueza, apenas a transfere de um monte de gente ingênua, afoita e ligeiramente gananciosa, para um pequeno punhado de gaiatos muito gananciosos!

A pura verdade!

Nada que faça sucesso neste mundo obtém notoriedade por mero acaso. Como diria minha avó: "Açúcar chama formiga porque é docinho, meu filho!" O dito se aplica quando analisamos o "estrondoso" sucesso de uma pirâmide financeira. Logo em seus primeiros tempos a pirâmide paga retornos elevadíssimos para quem entra e sai rapidamente.

Os propagandistas de um esquema de pirâmide financeira sempre destacam, ainda que de forma vaga e pouco esclarecedora, a atividade empresarial que dá "fundamento" ao esquema. Alegam tratar-se de negócio muito promissor, atividade de brilhante futuro e que sustentaria com solidez o inacreditável retorno prometido (pela pirâmide) por vários anos.

Passando pela análise minimamente criteriosa de quem entende um pouco de negócios, vê-se que é algo frágil, que jamais poderia render nada nem perto do retorno que se "garante". Pirâmide financeira não é oportunidade de negócio, é crime! No Brasil, esses esquemas são, sim, proibidos por lei há várias décadas.

A Lei nº 1.521, de 26 de dezembro de 1951, que trata dos crimes contra a economia popular, dispõe em seu art. 2º, inciso IX, que constitui crime contra a economia popular, punível com seis meses a dois anos de detenção, "obter ou tentar obter ganhos ilícitos em detrimento do povo ou de número indeterminado de pessoas mediante especulações ou processos fraudulentos ('bola de neve', 'cadeias', ... e quaisquer outros equivalentes)". Isso lhe parece bom para seu dinheiro?

DICA DE ATITUDE INOVADORA

Mantenha seu dinheiro longe dos esquemas que oferecem ganhos exuberantes e rápidos demais!

CLICS® PARA FAZER SEU DINHEIRO VALER MAIS

CLIC® 1. Muitos defensores das aplicações em criptomoedas, por exemplo, argumentam que elas estão baseadas em uma tecnologia de autenticação avançadíssima, chamada blockchain. Na verdade, pouca gente sabe explicar de forma minimamente acessível ao entendimento de gente leiga em TI o que é blockchain; mas vamos dizer que seja realmente um recurso tecnológico que permite dispensar instituições governamentais para auferir credibilidade a diversos tipos de contratos, possibilitando a troca virtual segura, rápida e prática de itens de valor intrínseco (é o que eles alegam).

Porém... doce de goiaba não é goiaba, é outra coisa até bem diferente da fruta original! O fato de as criptomoedas (a mais famosa delas é o *bitcoin*) estarem baseadas na tecnologia *blockchain* não faz delas automaticamente algo que deva receber sua atenção — e muito menos seu dinheiro.

Conforme a posição oficial do Banco Central do Brasil — a autoridade monetária nacional que emite, regula e garante a moeda real vigente no país —, as criptomoedas são de emissão independente, não lastreadas em nenhum ativo real e não têm nenhuma garantia legal de conversibilidade. Não são proibidas... tampouco permitidas. Não há nenhuma autoridade que zele por elas. Quem apostar seus cobres nas criptomoedas, portanto... o fará por sua própria conta e risco! Tem grana e estômago para isso?

CLIC® 2. O megainvestidor Warren Buffet deixará várias lições à história dos investimentos pessoais no mundo. Uma delas, talvez a mais importante, porque delimita de cara o que está valendo — e o que não está — na hora de querer multiplicar seus ganhos de aplicações, é: "Não invista em nada que você não entenda". A recomendação parece muito óbvia, mas meras obviedades não viriam de um megainvestidor tão experiente e particularmente sábio.

O que Mr. Buffet propõe, em verdade, é que, antes de alocar seu dinheiro em algum ativo, é necessário entender qual a **natureza de agregação de valor do ativo**, a essência multiplicadora desse ativo, o que esse ativo adiciona de valoroso à vida de quem no mundo. Porque é isso, e só isso, no limite, que explica sua dinâmica de geração multiplicadora de valor e que lhe dá sustentação a longo prazo.

Advogados das criptomoedas afirmam que elas farão sucumbir as atuais *moedas fiduciárias nacionais*, substituindo a (segundo eles, *débil*) confiança que se pode depositar nas instituições monetárias governamentais pela (segundo eles, *inabalável*) confiabilidade da tecnologia *blockchain* que (ainda segundo eles) está no fundamento das criptomoedas. Pode até ser, mas quem garante que serão *essas* criptomoedas que estão aí hoje que ocuparão esse posto de sucessores evoluídos do atual modelo monetário mundial, e não *outras*, possivelmente lançadas pelas próprias instituições financeiras, governamentais ou privadas? Isso faz toda a diferença, porque, se assim for, o que é negociado hoje com tanta euforia e (expectativa de) valorização... do dia para a noite se transformará em pó, junto com todo o dinheiro aplicado nesse ativo!

CLIC® 3. Pirâmides são sempre (re)vendidas com o forte *argumento psicológico* de que "quem não entrar agora vai se arrepender amargamente". O que a história comprova é que se arrepende, sim (e amargamente!), quem não sabe resistir à insistência daqueles que precisam de "cúmplices" para justificar a insegura decisão que tomaram de aplicar seu dinheiro honesto, fruto do trabalho suado, em algo que não entendiam.

Seduzidos pela promessa de ganhos rápidos e abundantes que atiçaram sua ganância latente e contaminados pela falta de perseverança para ganhar bem, sim, mas com o passar do tempo em aplicações verdadeiramente sólidas, muitos entraram nessa e agora precisam de "comparsas". Lembre-se: nessa guerra psicológica para arrancar o dinheiro do seu bolso, seu pior inimigo não é o amigo provocador, mas você mesmo!

EMPODERAMENTO FINANCEIRO é... quando você olha uma CRIPTOMOEDA qualquer, com crescente expectativa de valorização, e diz para o seu CUNHADO, ou melhor, para sua SOGRA: "Olha, parece bom, hein?! Investe aí... que deve dar muito dinheiro." E sai de fininho para não gargalhar na frente dela!

PARA QUE UM PLANO DE PREVIDÊNCIA SE VOCÊ PODE MONTAR SUA PRÓPRIA CARTEIRA XPTO?!

APOSENTADORIA: É POSSÍVEL CHEGAR SOZINHO? ATÉ ONDE UM PLANO DE PREVIDÊNCIA LEVARIA VOCÊ?

A metade verdadeira

As aplicações pessoais mais *rentáveis*, *seguras*, *líquidas*, *acessíveis* e *práticas* costumam ser as aplicações *financeiras*. O Brasil tem um mercado financeiro e de capitais bastante desenvolvido, é um país com excelente oferta de boas aplicações de natureza financeira para o *pequeno e o médio investidores*, tanto em curto, quanto em médio e também em longo prazo, como é o caso dos investimentos voltados para sua acumulação rumo à aposentadoria. E essa oferta toda tornou-se ainda mais acessível com o advento do *digital banking* e das corretoras de valores *on-line*. Isso tudo facilitou muito para que aplicadores de todos os portes estruturem suas próprias carteiras autônomas de investimentos no mercado.

A metade mentirosa

Em vez de pagar *taxa de administração* (e, eventualmente, algum *carregamento*) para um plano de previdência privada, é mais conveniente – e muito fácil – para o aplicador montar sua própria carteira de ativos para a aposentadoria... só que não! A responsabilidade de fazer a calibragem correta da quantidade e dos tipos de ativos que possam gerar para você uma *renda estável e segura* na fase do usufruto da aposentadoria é enorme! E é disso exatamente que todo aposentado precisa: não exatamente possuir um patrimônio elevado, mas gerar uma *renda confiável* para pagar suas contas de forma equilibrada na aposentadoria.

Conheço, por exemplo, aposentados com vários *imóveis* e que têm sofrido carência porque não conseguem alugá-los todos por valores razoáveis. Conheço também outros que quiseram especular nos mercados de *renda variável*, tentando catapultar sua rentabilidade na fase da acumulação, mas que acabaram perdendo boa parte de seu esforço poupador & investidor, ficando com bem menos do que o planejado para a fase do usufruto.

Sei ainda de tantos outros que até acumularam bom volume em *aplicações financeiras líquidas*, apenas para serem "assaltados" por parentes e amigos inescrupulosos que, ao se darem conta de que o "vô" ou a "vó" tem aquele dinheiro todo à mão, vieram com chantagens e pressões que levaram tais aposentados a cederem e baixarem significativamente suas reservas. Nada disso aconteceria com o previdente que tivesse apostado seus cobres em um bom *plano de previdência privada*.

A pura verdade!

Um plano de previdência privada é um produto único e insubstituível quando o assunto é *planejamento financeiro para aposentadoria*. Trata-se de modalidade de *aplicação financeira* (na realidade, um produto até mais assemelhado à família dos *seguros*), que oferece a seu aplicador as seguintes conveniências, especialmente desenhadas para permitir ao previdente ativar seu *projeto de previdência privada* e assim garantir na prática sua segurança financeira na fase da aposentadoria:

- Poder receber uma **pensão mensal assegurada** de uma sólida instituição financeira (a seguradora que administra seu plano);

- de um determinado **valor mensal planejado** (atualizado monetariamente uma vez por ano), suficiente para *suportar suas despesas* de aposentado;

- a partir de uma determinada **data programada de aposentadoria**, aquela data planejada e contratada como sendo o fim do período de *contribuição* (ou esforço poupador e investidor) do plano e o *início* do período de *benefício* (ou usufruto);

- gozando desse benefício por um **período predeterminado** recebendo uma pensão pelo prazo de meses estipulado em contrato, podendo se estender até o final da vida do participante (pensão vitalícia), ou então, ainda;

- escolhendo **resgatar a reserva financeira acumulada** ao longo do tempo de contribuição, devidamente acrescida dos rendimentos acumulados (após a pertinente dedução de taxas e impostos devidos conforme a regulamentação do setor).

DICA DE ATITUDE INOVADORA

Dê preferência a um plano de previdência privada para garantir a prosperidade na aposentadoria!

CLICS® PARA FAZER SEU DINHEIRO VALER MAIS

CLIC® 1. Apesar da eventual existência da taxa de carregamento nos planos de previdência (não cobrada nos FIFs), e da eventual cobrança de uma taxa de administração mais alta (comparativamente aos FIFs com o mesmo perfil de risco), a vantagem financeira de um plano de previdência focado na acumulação em longo prazo pode ser concreta e muito compensadora, e há um motivo efetivo e especial para explicar esta "mágica".

Diferentemente dos FIFs — nos quais há o recolhimento semestral de Imposto de Renda pelo chamado sistema de "come-cotas", pelo qual cotas são subtraídas do patrimônio do cotista para pagar o IR devido —, nos planos de previdência privada o recolhimento de qualquer imposto sobre ganhos é *diferido* (postergado) para o momento do *resgate* (a mordida do Leão do IR será apenas lá na frente).

Enquanto isso, o dinheiro do IR, que um dia (no resgate) será devidamente entregue ao governo, ficará rendendo juros sobre juros para engrossar a reserva acumulada, durante anos e anos. Para usufruir dessa vantagem do **diferimento fiscal** em alto grau, é necessário focar seus planos de previdência, sempre que possível, na acumulação em longo prazo.

CLIC® 2. Os **planos empresariais** são um excelente benefício que algumas empresas mais bem estruturadas disponibilizam a seus colaboradores. Há os chamados **instituídos**, em que a empresa irá custear parte das contribuições, ganhando benefícios fiscais por isso.

Os limites de valores (porcentagem do salário) que o funcionário poderá aportar todos os meses e o quanto a própria patrocinadora, de seu lado, aportará em complementaridade são definidos por entidade em seus estatutos. Existem planos instituídos em que o participante pode aportar (aplicar) de 1% a 10% do seu salário e a patrocinadora complementará na base de 1:1 (100% de complemento), ou 2:1 (50% de complemento), ou ainda outra proporção.

Em qualquer caso, este é um tremendo benefício que a empresa oferece: imagine "seus pais" bancando todos os meses uma parte de seu esforço poupador para uma aposentadoria digna! O funcionário previdente deve planejar suas finanças para aderir em grau máximo ao plano instituído que lhe é oferecido como benefício corporativo.

Há ainda os **planos averbados** — apenas os funcionários realizam contribuições, mas contam com condições muito vantajosas para o plano corporativo, especialmente negociadas pela companhia com a seguradora, normalmente contratada a mercado, já que o principal objetivo não é o lucro na operação do plano, mas o benefício proporcionado aos colaboradores.

Algumas *vantagens* bastante comuns são menores taxas de carregamento (até 0%) e de administração (até 0,20%), com benefícios complementares como o acesso a programas estruturados de educação financeira e empreendedora, que podem ajudar muito na busca da prosperidade que tanto se almeja para a fase da aposentadoria.

CLIC® 3. Há muita **flexibilidade** nos planos de previdência. Durante a fase de *acumulação* (o que vou dizer nunca será possível uma vez já iniciada a fase do *benefício*), se por algum motivo você não estiver satisfeito com seu plano aberto, seja pela rentabilidade baixa, por mau atendimento ou até mesmo por eventuais dúvidas relativas à segurança, poderá *mudar* de instituição administradora.

A isso se dá o nome de *portabilidade externa*, ou seja, levar a reserva já acumulada *para fora* da atual entidade que a gere. Escolhida a nova instituição e o novo plano de destino, a coisa toda é muito rápida: a partir do momento em que você solicita a transferência dos seus recursos (reserva acumulada em seu plano atual), a antiga instituição terá até cinco dias úteis para migrar o dinheiro para a nova, no plano escolhido.

CLIC® 4. Quando o dono de um determinado patrimônio vem a falecer, é necessário realizar um *inventário* para transmitir sua herança a seus sucessores, procedimento que pode demorar de um a dois anos para ser finalizado.

Um dos custos do inventário, dentre expressivos honorários advocatícios e pesadas taxas cartoriais, é o chamado ITCMD | Imposto sobre Transmissão Causa Mortis e Doação, que é de competência estadual. No Estado de São Paulo, por exemplo, a alíquota desse imposto é de 4% sobre o valor do patrimônio (ainda não há um imposto federal, mas já foi cogitado por diferentes governos, inclusive recentemente).

Para evitar a cobrança do ITCMD, donos de patrimônios mais expressivos têm optado por deixar parte de sua futura herança aplicada em um VGBL, por exemplo, porque planos de previdência *não entram em inventário*. Com o falecimento do titular durante o período de acumulação, o pagamento do saldo será feito diretamente pela seguradora aos beneficiários indicados no plano em até trinta dias, como acontece com um seguro de vida, por exemplo.

Um plano de previdência pode ser usado, portanto, para se fazer o chamado **planejamento sucessório**, tentativa perfeitamente lícita de disponibilizar seu patrimônio a seus herdeiros de forma mais rápida e com custos menores, economizando principalmente nos impostos sobre herança.

CLIC® S. Junto com seu plano de previdência privada, você poderá contratar **benefícios adicionais de proteção financeira** para si e sua família no caso de morte ou invalidez durante os anos em que estiver aportando recursos em seu plano de previdência.

Na prática, esses benefícios funcionam como seguros: para contratá-los, o participante do plano fará contribuições adicionais, que lhe serão cobradas juntamente com os aportes mensais do plano. Entre as possibilidades de benefícios de risco estão o *pecúlio*, importância em dinheiro paga aos beneficiários do titular do plano no caso de seu falecimento, a transferência da pensão vitalícia ao *cônjuge* ou ainda a pensão paga aos *filhos menores de vinte e um anos* no falecimento do titular do plano.

Claro que essas coberturas têm *custos* extras, mas geram *benefícios* adicionais que fazem muito sentido para a proteção de sua família na sua eventual ausência. Informe-se com a seguradora com a qual pretende contratar seu plano e, tendo condições financeiras para tal, compre essa tranquilidade adicional para seu projeto de previdência privada. O seguro morreu de velho. Ao lado do previdente.

EMPODERAMENTO FINANCEIRO é... quando você separa uma certa quantia todos os meses para seu plano de PREVIDÊNCIA PRIVADA e se despede dela sem dó: "Tchau, querida, vai com Deus! A gente se encontra lá na frente... e eu espero para você o contrário daquilo que vislumbro para mim mesmo: que esteja BEM MAIOR e MAIS FORTE do que hoje!"

XPTO LIFE, PROTEÇÃO PARA SUA FAMÍLIA: CONTRATE JÁ SEU (ENÉSIMO) SEGURO DE VIDA!

SEGURO DE VIDA: VOCÊ PRECISA MESMO DE MAIS UM, OU... DE APENAS UM, PORÉM DO BOM?

A metade verdadeira

Coisas ruins também podem acontecer com pessoas boas e, neste caso, você desejará estar coberto do ponto de vista financeiro. Isso é particularmente verdadeiro quando o assunto é sua *vida*: você há de querer ter certeza de que, na sua eventual falta, seus dependentes que ficarem chorarão apenas por sua *ausência*... e não pela *carência* em que você os deixou! Sem problema: para isso existem os *seguros de vida*! Por um valor mensal razoável, você poderá garantir que seus dependentes terão tranquilidade financeira se você partir. A tranquilidade, aliás, pode se estender a você mesmo, no caso de (por uma infelicidade) tornar-se inválido.

A metade mentirosa

Seguro de vida é bom e tem uma vantagem: não há limites de números de apólices que podem ser contratadas, ao contrário dos seguros de bens, em que pode haver somente uma apólice por bem. Já que é assim... quanto mais apólices de seguro de vida você tiver, melhor, certo? Errado!

113

A pura verdade!

Seguros de vida "baratinhos", mas ineficazes, ainda são vendidos aos montes por aí: é comum a *venda casada* desse produto de prateleira (sem adequação às necessidades concretas do cliente), quando o correntista vai solicitar um empréstimo com seu banco.

Isso acaba acontecendo repetidas vezes ao longo dos anos e daí o cliente fica com uma "coleção" de apólices de vida que, juntando todas elas, não dão uma decente! Tenha você o cuidado de fazer os cálculos da cobertura necessária de forma bem ajustada, como lhe recomendo aqui, para não contratar coberturas baixas demais ou, de outro lado, desnecessariamente altas.

Descuido no planejamento dessa importante providência na sua vida financeira pode levá-lo, na prática, a não poder mais contar com a proteção adequada que almejava para sua família e isso só será revelado *após* o seu passamento, quando não houver mais como corrigir. Outro possível engano: você será levado a pagar um preço (*prêmio do seguro*) desnecessário por uma proteção (*cobertura do seguro*) exageradamente elevada, o que achataria, sem necessidade, sua renda disponível. Você... não vai ser relaxado aqui, vai?

DICA DE ATITUDE INOVADORA

Contrate um seguro de vida de forma calculada e responsável, não só para aliviar a consciência!

CLICS® PARA FAZER SEU DINHEIRO VALER MAIS

CLIC® 1. Calcule corretamente o valor da cobertura total necessária para seu seguro de vida. Primeiramente, some todos os gastos mensais (presentes) dos seus dependentes financeiros por um período de × anos planejados (sugiro no mínimo três) após sua morte, na infeliz (mas, às vezes, inevitável) hipótese de sua partida.

Inclua nessa soma todos os *gastos pessoais*, do casal e de eventuais filhos dependentes crônicos (como filhos com necessidades especiais), os *gastos gerais da família* (que não beneficiam especificamente um membro ou outro, mas todos), os *gastos com imóveis* (de residência ou lazer), os *gastos com automóveis* e também os gastos com *dívidas parceladas*.

Em seguida, você terá de orçar *projetos especiais* para os quais gostaria de deixar seus entes queridos protegidos no caso de sua ausência. Essa dimensão pode variar muito de família para família. Aqui você deve incluir projetos como a *faculdade* dos filhos, o futuro *casamento* dos seus descendentes e até uma verba para *quitação à vista de dívidas* não seguradas que talvez você tenha hoje.

Somando então a cobertura para os *gastos mensais* da família por × anos com a cobertura para *projetos futuros*, chegamos à *cobertura total necessária* para seu seguro de vida. Com esse valor em mãos você deverá procurar um corretor de seguros para providenciar sua apólice MIP | Morte e Invalidez Permanente, que cobrirá sua família em caso de sua *morte natural ou acidental* ou cobrirá você mesmo no caso de *invalidez permanente*.

CLIC® 2. Talvez você já faça parte de uma **apólice coletiva de seguro de vida** da empresa na qual trabalha. Isso é um baita benefício, mas você precisará se informar sobre os valores e as hipóteses de cobertura. Afinal, seguro de vida a gente não deve contratar de qualquer forma apenas para aliviar a consciência, mas sim de maneira consciente e bem planejada, para aliviar as finanças dos que ficarem quando partirmos.

CLIC® 3. Juntamente com seu *plano de previdência privada*, você poderá também contratar benefícios adicionais de **proteção financeira**, para si e sua família, no caso de morte ou invalidez durante os anos em que estiver aportando recursos em seu plano. Para contratar essas coberturas, o participante do plano fará contribuições adicionais, que lhe serão cobradas junto com os aportes mensais do próprio plano. Pode valer muito a pena!

CLIC® 4. O seguro de vida *tradicional* funciona assim: a cada ano você contrata uma nova apólice, com um novo valor de benefício mensal, cada vez mais alto para um mesmo valor de cobertura, até que vá ficando idoso demais para conseguir renovar sua cobertura, já que o risco de morte, é claro, se eleva com o avanço da idade e a seguradora não quer se expor a perdas indevidas.

Já existe no mercado, no entanto, a possibilidade de contratar o chamado **seguro de vida inteira**. Nesse caso, você acertará com a seguradora uma determinada *idade meta* (que pode coincidir com a *idade certa* para sua aposentadoria), até a qual pagará, desde já, um definido prêmio mensal, como depósitos que faria em um plano de previdência ou em outra aplicação financeira qualquer.

Durante todo esse tempo até atingir a idade meta, você poderá contar com a cobertura especificada na apólice, após essa data não precisará pagar mais nada para continuar com essa cobertura valendo até o final da sua vida. Isso é proporcionalmente *mais caro*, porém bem mais interessante do que contar com um seguro tradicional, no qual a apólice vai encarecendo progressivamente até tornar-se *inviável*. Outra vantagem de elevado apelo no seguro resgatável: se preferir, você poderá fazer *resgates ainda em vida*.

EMPODERAMENTO FINANCEIRO é... quando você paga tranquilamente o PRÊMIO MENSAL de seu seguro de vida e, aliviado, dá graças a Deus: "Se eu me for cedo demais, os AMADOS que ficarem chorarão por minha AUSÊNCIA... mas não pela CARÊNCIA em que os terei deixado!"

O MERCADO DE AÇÕES ESTÁ AQUECIDO: AGORA É HORA DE INVESTIR E GANHAR COM A XPTO!

QUEM APLICA EM AÇÕES DEVAGAR E SEMPRE DEVE TORCER PELO MERCADO EM DISPARADA?

A metade verdadeira

Quem aplica em *ações* está sabendo (ou deveria saber) que investe seu dinheiro em *ativos de renda variável*, ou seja, pode valorizar... pode desvalorizar... Mas é natural que haja uma torcida para a valorização, de preferência pela *valorização constante*. Afinal, se assim for, não será "garantia" de que quem aplicou terá ganhos mais interessantes?

A metade mentirosa

Sim, há períodos em que o mercado começa a subir vertiginosamente, com invejável força (o tal *bull market* – "mercado touro" – como dizem os norte-americanos), como aconteceu entre 2003 e o começo de 2008, por exemplo. O perigo dessas disparadas é que muita gente se empolga, liquida outras aplicações financeiras de maturação mais longa (às vezes até realizando perdas) e inclusive vende bens para aplicar tudo na bolsa: se só faz subir... que risco pode haver, ora?! Bem, não existe isso de "só subir" nos mercados de renda variável: uma hora o mercado vira e daí o "pato" vende tudo, amargando prejuízos e culpando a "loucura" do mercado. Comprar na alta + vender na baixa = receita certa para PREJUÍZO!

A pura verdade!

O investidor com mentalidade de *construtor* que estiver disposto a poupar e aplicar regularmente uma determinada mensalidade em boas ações durante vários meses e anos rumo ao longo prazo — esse (sim!) simplesmente não terá como errar nos *ganhos acumulados*. Mesmo que escolha como alvo de seus investimentos uma ação que em alguns momentos mais tensos de mercado venha a se desvalorizar, esse investidor poderá até chegar a ganhar mais dinheiro do que um outro que aplique em uma outra ação com constante valorização. Você... não vai deixar de aproveitar essa possibilidade de prosperar, vai?

DICA DE ATITUDE INOVADORA

Compre um pouco de boas ações todo mês e você lucrará mesmo em um mercado com altos e baixos!

CLICS® PARA FAZER SEU DINHEIRO VALER MAIS

CLIC® 1. É isso mesmo que estou afirmando: diferentemente do que aponta o raciocínio cartesiano comum, dependendo das circunstâncias, é mais viável ganhar dinheiro com ações em um mercado acionário flutuante do que noutro puramente ascendente. O importante é comprar sempre, um pouco todos os meses, no decorrer do longo prazo! Isso parece um contrassenso financeiro, mas o raciocínio fica bem claro quando posto na ponta do lápis.

CLIC® 2. Veja este **exemplo 1**: um aplicador está disposto a destinar mil reais todos os meses para um plano de investimentos com prazo de realização de sessenta e um meses. Ciente de que dispõe do longo prazo (acima de cinco anos) para esperar amadurecer suas aplicações, tal investidor seleciona como destino para suas preciosas economias uma ação de uma determinada boa empresa, cuidadosamente escolhida entre as mais líquidas do mercado.

Essa ação está cotada a R$ 10 no primeiro mês de aplicação. Bem escolhida como foi, vamos imaginar que a partir daí ela comece a *subir* continuamente, valorizando-se à base de R$ 0,20 por mês, todos os meses, até chegar ao preço de R$ 22 após cinco anos (aos sessenta e um meses). O investidor terá conseguido comprar nesses meses todos 4.015 dessas ações, que valerão ao final do período R$ 22 cada ou R$ 88.330 no total bruto.

Após descontado o Imposto de Renda de 15% sobre os ganhos médios, sobrariam líquidos em seu bolso R$ 84.230. O ganho acumulado nesse plano teria sido de R$ 24.230, ou 1,03% de rentabilidade líquida mensal média. Essa parece ter sido uma boa estratégia, pois seu resultado ficou bem próximo do que se pode esperar em termos de rentabilidade líquida diferencial para uma aplicação dinâmica no prazo de cinco anos. Esse investidor está satisfeito.

Agora, veja este **exemplo 2**: numa outra situação, o aplicador investe o mesmo valor de mil reais por mês em uma outra ação, também criteriosamente selecionada, do mesmo modo cotada a R$ 10 no primeiro mês de compra, mas com uma surpreendente diferença: logo no 2º mês ela começa a *cair* de valor e daí prossegue caindo mês a mês, também à base de R$ 0,20 mensais, até chegar ao preço mínimo de R$ 4 daqui a dois anos e meio (aos trinta e um meses)!

Essa parece ter sido uma péssima aplicação, mas, confiante em sua escolha, o investidor segue fazendo os aportes mensais planejados de mil reais, comprando a cada mês a máxima quantidade dessas ações que sua mensalidade fixa lhe permite. Daí, a partir do 32º mês a ação começa a recuperar seu valor aos poucos, também à velocidade de R$ 0,20 por mês, até se concluírem os mesmos cinco anos da situação anterior (sessenta e um meses), quando a ação oscilante finalmente volta a seu preço de largada, que era de R$ 10.

Apesar da recuperação... o preço apenas voltou ao patamar de cinco anos atrás! À primeira vista, essa escolha parece ter sido muito ruim e o investidor fica *frustrado*. Mas, quando investimentos e finanças pessoais são o assunto, as aparências enganam e a prova tem de ser tirada na ponta do lápis. Você verá que uma ação *oscilante* pode render mais que uma ação *ascendente*.

Para quem fez uma compra única de ações há cinco anos por R$ 10 e sessenta e um meses depois foi vendê-las pelos mesmos R$ 10, depois de ter passado tanto nervoso com as oscilações de mercado, o negócio foi bem ruim, mesmo, não há como negar. Mas algo bem diferente terá acontecido com quem seguiu comprando suas ações regularmente, de forma estratégica e focada, aproveitando seu preço mais baixo para adquirir mais ações com a mesma verba mensal enquanto o mercado caía.

Nessa segunda situação, enquanto as ações baratearam, o investidor teria conseguido comprar uma quantidade muito maior de papéis, acumulando um total de 9.264 ações. Ao final dos cinco anos, estando cotadas a R$ 10 cada, as ações oscilantes estocadas poderiam ser vendidas pelo valor bruto de R$ 92.647 e líquido de R$ 87.900 (descontado o IR de 15% sobre os ganhos), deixando ganhos líquidos no bolso do aplicador de R$ 27.900 ou 1,16%. Enfim, uma rentabilidade *ainda maior* que no caso da ação em constante alta!

CLIC® 3. A **moral da história** é que, para seus planos de longo prazo, o bom é investir em ações *sempre*, um "pouquinho" todos os meses, esquecendo as oscilações de curto prazo do mercado! Está confirmado o lema do investidor dinâmico construtor!

Essa estratégia de comprar ações sempre, com regularidade (de preferência mensal), é uma saída para "enganar o risco" das oscilações de curto prazo. Ao agir assim, o investidor garante a si mesmo a oportunidade de fazer um interessante preço médio na compra de ativos de qualidade, como as ações de boas empresas brasileiras, adquiridas em um mercado com inegável tendência à valorização diferenciada em longo prazo, como é o caso da banda boa da bolsa de valores em nosso país.

Para o investidor que atua no mercado acionário como **comprador frequente**, não há o que lamentar: quando as ações desejadas estão caindo, a mesma mensalidade permite comprar mais ações. Quando elas estão subindo de valor... que bom: é sinal de que seu estoque já formado nos meses e anos anteriores está se valorizando! Para o investidor dinâmico construtor, que acredita na valorização diferenciada em longo prazo das ações de boas empresas brasileiras de capital aberto, simplesmente não há mês ou ano de bolsa ruim.

EMPODERAMENTO FINANCEIRO é... olhar o MERCADO ACIONÁRIO CAINDO e ficar feliz: "Que bom! Aquele dinheiro que eu tinha reservado para comprar ações este mês (para minha carteira de longo prazo) vai me render MAIS PAPÉIS do que eu havia planejado!"

ATITUDES INOVADORAS PARA TODA A VIDA

XPTO FIT: ACADEMIA COM CUSTO BAIXO, ALTA QUALIDADE E ADESÃO FÁCIL: SÓ R$ 49,90!

PLANO DE FIDELIZAÇÃO: VALE AMARRAR SUA VIDA (E SUA GRANA!) A UM SÓ FORNECEDOR?

A metade verdadeira

Para resolver nossa vida, precisamos de (ou desejamos) uma série de *serviços de prestação continuada*. Assim é com as concessionárias de energia, de água e de gás. Assim é com a escola das crianças, com o cabeleireiro e a manicure, com a faxineira e a lavanderia. São serviços aos quais recorremos com perenidade para fazer a vida ficar mais fácil, melhor, mais confortável, mais segura.

Para aqueles mais preocupados com sua *saúde física* (deveríamos ser *todos* nós!), há também a *academia de ginástica*. Não seria bom, portanto, poder pagar menos pela mensalidade desse serviço, por exemplo? Ao longo do semestre, ou do ano, importantes economias podem ser geradas com os descontos conseguidos em um bom *plano de fidelização*!

A metade mentirosa

Academia de ginástica é a típica atividade com aquela dinâmica oscilante começa-para-começa-para... e essa intermitência parece se arrastar ano após ano. Além da falta de disciplina, há uma série de outros obstáculos que podem nos afastar da frequência mensal regular a uma academia... e aí o que fica regular, mesmo, é só a cobrança da mensalidade comendo solta todos os meses. Pagar, não usar e ainda ver a barriga crescer: ai, que raiva!

A pura verdade!

As academias sabem da dificuldade de vender seus serviços com regularidade e algumas adotam o estratagema de subir artificialmente o valor da mensalidade, para então dar descontos atraentes no pacote *semestral* e descontos ainda mais irresistíveis no pacote anual. A menos que você tenha certeza da sua *disciplina frequentadora*... não vai querer amargar só o lado da *disciplina pagadora*, vai?

DICA DE ATITUDE INOVADORA

Evite ficar amarrado nos planos de fidelização, a menos que tenha certeza de que irá usufruir deles!

CLICS® PARA FAZER SEU DINHEIRO VALER MAIS

CLIC® 1. Antes de aderir a um plano de fidelização, faça sempre as contas na ponta do lápis: compensa mesmo? Imagine uma academia que cobra R$ 69,90 no plano mensal e R$ 49,90 no plano anual. É verdade que o desconto de quase 30% oferecido sobre a mensalidade parece mesmo muito tentador, mas... ele lhe produzirá economia efetiva?

Raciocinemos. Digamos que no seu caso específico, os meses de *janeiro* (férias escolares e viagens), *março* (largada do 1º semestre), *junho* (fechamento do 1º semestre), *julho* (férias escolares e viagens), *agosto* (começo do 2º semestre), *novembro* (fechamento do 2º semestre) e *dezembro* (Natal e festas) sejam realmente complicados para você. Na prática, você sabe que não conseguirá mesmo frequentar a academia nesses meses.

Contando direito, dos doze meses do ano, você conclui que só poderá frequentar cinco! Se pagar o *plano anual*, a academia lhe custará R$ 598,80 por ano (= R$ 49,90/mês * 12 meses). Se, no entanto, você optar pelo *plano mensal*, pagará R$ 349,50 (= R$ 69,90 * 5 meses). Mesmo sem o desconto na mensalidade, a economia será de R$ 249,30 ou 42%!

CLIC® 2. Outra forma de raciocinar é que, com os mesmos R$ 600 distribuídos por cinco meses, você poderia pagar R$ 120 por mês (de atividade efetiva) para receber visitas regulares de um **personal trainer**, profissional que lhe daria toda uma assistência individualizada para que você providenciasse seu condicionamento físico na academia do próprio prédio, já que muitos edifícios residenciais contam com esse tipo de estrutura à disposição.

CLIC® 3. Todo profissional da saúde lhe dirá que, para colher benefícios concretos para seu equilíbrio corporal, *a atividade física deve ser constante*, sem essa flutuabilidade toda na frequência. Nesse caso, tudo bem, o plano anual até se encaixa. Algumas *grandes redes* de academia até oferecem uma conveniência que faz todo o sentido para quem se desloca muito nos grandes centros urbanos ou viaja com frequência para outras cidades: a possibilidade de frequentar **qualquer unidade da rede**... facilidade que só se inclui – naturalmente – no plano de fidelidade!

CLIC® 4. Uma forma bacana (e barata!) de conseguir assiduidade na atividade física é realizando **caminhadas e corridas** em parques e espaços públicos. Faça antes uma consulta ao médico para analisar sua capacidade cardiorrespiratória e outras condições específicas de saúde, compre roupas e tênis adequados, leve uma garrafinha de água na mochila e talvez até junte-se a um grupo aberto de corrida (muitas vezes a custo zero).

A partir daí, mantendo o bolso enxutinho, é só suar a camisa, perder calorias, secar a barriguinha, afinar a silhueta, ganhar fôlego e muita disposição com aquele megacoquetel de endorfina, oxitocina, dopamina e serotonina naturalmente injetado no seu corpo a cada passo!

> **EMPODERAMENTO FINANCEIRO é...** quando você olha a PROPOSTA DO PLANO de fidelização e ironiza: "Cadê o barbante para eu amarrar meu dinheiro na mão de vocês?!"

PASSAGENS-RELÂMPAGO XPTO TRAVEL: VOE BARATO PARA QUALQUER LUGAR DO MUNDO!

COMPRAR UMA PASSAGEM BARATINHA É GARANTIA DE QUE VOCÊ IRÁ VIAJAR MAIS BARATO?

A metade verdadeira

Viajar a passeio é bom demais, que dinheiro bem gasto! Pena que, com o aperto no orçamento, a "verba" para viagens de lazer não seja lá essa maravilha toda (a menos que você seja membro do governo, é lógico). Então, quem quer se divertir com pouco tem de fazer aqueeela ginástica para esticar o dinheiro rumo à tão desejada viagem dos sonhos. Poder pagar menos nas passagens aéreas, por exemplo, parte salgada de qualquer viagem, é muito desejável!

A metade mentirosa

Então pintam aquelas promoções-relâmpago de passagens aéreas e o *e-mail marketing* lhe seduz para a compra de bilhetes baratinhos de dar dó! Até que enfim você vai viajar gastando muito pouco, certo? Infelizmente... é mais provável que não seja esse o caso!

A pura verdade!

Em diversos casos, as ofertas de passagens a preços convidativos são apenas para... *a ida*! E a volta, como fica? Ah, você terá de pagar o preço normal! Também é comum ter só *uma ou duas únicas ofertas* válidas para uma família inteira... de cinco pessoas! E os bilhetes de baixo custo frequentemente são para períodos *curtos* demais (apenas dois ou três dias entre a ida e a volta) ou muito *longos* (acima de três semanas). Sem falar, lógico, das *escalas*, que podem tornar seu voo comprido e cansativo, além de tornarem maiores as chances de extravio de bagagem. Chegar quebrado e ainda não poder vestir a própria roupa íntima limpinha depois do banho é ruim, hein?!

Mesmo conseguindo passagens baratas, tem ainda os custos de *hospedagem, alimentação, transporte* e *passeios* no local: vai conseguir bancar tudo isso em condições altamente vantajosas, também? Senão o "molho" acabará saindo mais caro que o "frango". E não se esqueça da famigerada *taxa de embarque* (e encargos governamentais) de algumas *dezenas* de reais para voos nacionais, que chega a algumas centenas para voos internacionais (confira no ato da compra da passagem as taxas específicas conforme o aeroporto de partida e o de chegada).

DICA DE ATITUDE INOVADORA

Fuja da pegadinha da passagem "baratíssima": esse "molho" pode sair mais caro que o "frango"!

CLICS® PARA FAZER SEU DINHEIRO VALER MAIS

CLIC® 1. Use um buscador de internet para pesquisar voos mais baratos. Digite "voo / origem / destino" e veja os links apresentados (que costumam ser confiáveis). Antes mesmo de iniciar sua pesquisa de preços, convém consultar um grande concentrador de passagens como o www.decolar.com . A partir daí, procure também nos sites das próprias companhias aéreas, porque frequentemente os preços são mais baixos e não há a necessidade de se pagar a taxa de serviço. Em qualquer hipótese, compare as diferentes ofertas.

CLIC® 2. As **agências de viagens** costumam fechar bons pacotes completos para o roteiro que você quer. As grandes fretam voos inteiros e fecham um ou mais andares de hotéis; e mesmo as menores têm códigos de operadoras que lhes permitem acessar descontos que podem ser maiores do que aqueles oferecidos a simples turistas. Agências ainda podem oferecer promoções do tipo: "pague um e leve dois", interessantes para casais, ou "criança grátis", conveniente para famílias com filhos pequenos.

CLIC® 3. Para pagar menos em passagens aéreas, o nome do jogo é... **antecedência**! No caso, estamos falando de comprar suas passagens pelo menos *seis meses* antes da partida. Se comprar a passagem *irrestrita*, originalmente mais cara, eventuais alterações custarão menos, mas na *clássica*, mais barata, alterações de voo serão mais caras, podendo chegar a custar exatamente... o preço de outra passagem!

Por isso, planeje tudo o quanto antes, esteja com seu roteiro traçado, malas prontas e, caso tenha *flexibilidade* de partir a qualquer hora (o que depende muito de sua dinâmica de trabalho), fique ligado nas mensagens-relâmpago das companhias em sua caixa de entrada de *e-mails*, com boas ofertas de última hora. Se deixar para comprar sua passagem um mês (ou menos) antes de sua partida, embora seja um tanto arriscado, poderá pagar menos da metade do valor original!

CLIC® 4. Os **programas de milhagem** continuam bastante dinâmicos. Por um lado, está mais *fácil* conseguir acumular milhas... porém, mais *difícil* de usá-las na prática! Cadastre-se nos sites de programas de milhagem das companhias aéreas que podem lhe interessar, porque são frequentes as promoções que lhe concedem bonificação (de até 100%!) na hora de transferir os pontos acumulados no seu cartão para a companhia aérea.

Para comprar passagens com milhas, considere sempre a *classe econômica* e a *baixa temporada*. Se insistir em assentos na classe *executiva* ou na *alta* temporada (janeiro e julho e a segunda quinzena de dezembro), esteja preparado para ver os pontos pedidos quintuplicarem! Normalmente a *compra parcial* da passagem com milhas não compensa, porque você precisará de muitas milhas para aliviar bem pouquinho o preço da passagem.

Lembre-se: *taxas de embarque* (dezenas ou centenas de reais) e *taxa de bagagem* (dezenas de reais por mala para cada trecho nacional) não podem ser pagas com milhas, pedem dinheiro vivo, mesmo! Assim como o caríssimo cafezinho com pão de queijo no aeroporto!

EMPODERAMENTO FINANCEIRO é... quando você olha uma superpromoção--relâmpago de PASSAGEM AÉREA e das duas, uma: ou arremata porque a pechincha está alinhada com seus planos de viagem... ou pula fora para que o raio que o parta não atinja seu indefeso bolso!

SEU CASAMENTO É UMA OCASIÃO ÚNICA: COM A XPTO ASSESSORIA ELE SERÁ INESQUECÍVEL!

SIM, CASAMENTO DEVE SER PARA A VIDA TODA, MAS AS DÍVIDAS DO CASAMENTO TAMBÉM?

A metade verdadeira

Casamento é para a vida toda… E mesmo que na prática possa vir a não ser, é assim que os noivos enxergam quando estão preparando as celebrações de suas bodas: é *para sempre*! Que bom que pensem assim, pois esse é mesmo o *espírito da união* que está por se sacramentar.

Isso foi justamente o que minha própria noiva me disse no altar, em uma linda mensagem que ela escreveu (e decorou!) para corajosamente declamar, olho no olho: "(…) Por isso eu prometo te amar e te respeitar todos os dias da minha vida, até que a morte nos una para sempre na vida eterna." Eu chorei, lógico… e assim estamos juntos, tremendamente felizes (e prósperos!) desde 2003.

A metade mentirosa

Com base nesse lindo apelo de *eternidade*, a indústria do casamento pega pesado com os noivos, tentando lhes enfiar todo tipo de produto e serviço, para "enobrecer" as comemorações desse maravilhoso enlace. Afinal... é uma vez só na vida, não?!

A noiva não precisa apenas de um vestido, mas de um vestido exclusivo, que depois "se transforme" na festa quando a saia e as mangas saem. Ela não deve chegar de carro bonito e lavado, mas numa legítima relíquia automobilística dos anos 1940 dirigida por um motorista de terno e com quepe. Não basta música na igreja: tem de ser uma camerata com quatro trombetas, seis violinos, um tenor e uma soprano. As flores? Orquídeas azuis! A mesa de doces? Tem de ser uma enorme cascata de gostosuras sem fim, cada docinho "vestido" com um requinte que faz vergonha a boa parte das convidadas. Se não for tudo *top do top*... não está valendo, ora!

A pura verdade!

Seu casamento será sempre *especial*, *único* e *memorável*... seja lá como for! Capriche, lógico, mas evite os excessos que sairão pela culatra. Não é porque o casamento é para a vida toda que as dívidas do casamento devem ser também! Lembre-se: um casal que começa sua união com *dívidas*, ou no mínimo muito *curto de grana* (porque torrou tudo e mais um pouco no casamento), terá bem mais dificuldade em desfrutar de uma vida próspera e realizada a partir do dia seguinte, quando todos acordamos e viramos abóboras. Vocês... não vão entrar nessa, vão?

DICA DE ATITUDE INOVADORA

Vacine-se contra o forte apelo de gastos exuberantes em "ocasiões únicas", como seu casamento!

CLICS® PARA FAZER SEU DINHEIRO VALER MAIS

CLIC® 1. Noiva, você quer o vestido mais lindo do mundo e eu não tenho nada contra isso (o próprio noivo que a espera no altar que o diga)! Sem se esquecer desse seu justo desejo, o próximo passo rumo à felicidade será gastar o mínimo possível para atingir o objetivo de ar-ra-sar na igreja/festa! Então, acredite no que eu digo: um vestido de noiva terá utilidade ze-ro depois do casamento.

Comprar? Só se for nos EUA (ou na China), caso você tenha essa possibilidade. Lá fora é consideravelmente mais barato, a variedade de modelos é enorme e depois você poderá revender por aqui, praticamente pelo mesmo preço que pagou em dólares. Do contrário, *alugue*, use, abuse, tire lindas fotos, faça aquele vídeo maravilhoso... e daí peça para sua mãe devolver à loja na semana seguinte, quando você já estiver curtindo a lua de mel!

CLIC® 2. Muitas noivas se deixam seduzir pelo **primeiro aluguel** por causa da suposta *exclusividade*. Isso é uma doce ilusão, porque, se há *aluguel* depois do primeiro aluguel, outras noivas usarão um vestido *idêntico* ao seu. O primeiro aluguel costuma custar o dobro (ou mais!) do aluguel convencional, por algo que fará o mesmo efeito: o importante é estar linda com aquele vestido que é a sua cara! E, depois, o vestido pode ser o mesmo, mas... cada noiva é única, cada casal é único e cada casamento é simplesmente único! Desencane disso aí e fique com centenas de reais a mais no bolso!

CLIC® 3. Muitas vezes a melhor parte da celebração é o *antes*. Por isso, se você puder, vale a pena "investir" uma grana em um **dia da noiva (e dia do noivo!)** caprichado, daqueles que envolvem inclusive madrinhas (e padrinhos), não apenas para fazer cabelo e maquiagem, mas para *curtir o dia inteiro*. Essa "farra" do próprio dia, emocionalmente falando, pode valer tanto quanto a cerimônia religiosa e a festa!

Fotografar e filmar esses momentos preparatórios pode ser interessante, e daí não precisa ser aqueeela equipe, porque é mais um tipo de foto descontraída, para registrar boas risadas. Nesse caso, o *estilo casual* até cai melhor do que aqueles registros mais formais, tecnicamente muito bem produzidos (sem desmerecer o excelente trabalho de *fotos jornalísticas* que alguns desses profissionais mais tarimbados – e mais caros – fazem).

CLIC® 4. Música na festa de casamento é uma coisa que anima demais. Uma boa banda é algo sensacional, mas custa caríssimo. Assim, prefira um **excelente DJ**, que custará *um quarto* de uma boa banda, do que uma banda *mais ou menos* que vai custar *o dobro* de um excelente DJ. E mais: distribuir aqueles badulaques todos durante as músicas não é caro e dá uma graça única a esses momentos, puxando muita descontração!

CLIC® 5. Contratar uma boa **equipe de foto e filmagem** para o religioso e para a festa é legal, mas sem exageros. Usar "apenas" um bom fotógrafo e uma câmera de filmagem pode resultar em um trabalho bem profissional... e bem mais em conta! Além do mais, tem o seguinte: se a equipe de foto e filmagem for muito ampla, os profissionais acabarão tendo uma participação invasiva na celebração.

Com equipes grandes, as fotos e o filme ficam lindos, mas na hora da celebração (que é o que interessa) a coisa fica feia, bagunçada, é gente correndo para lá e para cá, cabos para tudo quanto é lado, flashes abruptos que estragam a *delicadeza* toda do momento. Quer saber? Os convidados acham um saco quando a equipe de filmagem fica na frente daquela cena legal que todos gostariam de "saborear" e da qual — por que não? — até poderiam tirar uma discreta selfie!

CLIC® 6. Casamentos **na fazenda ou na praia** são românticos, mas ficam melhor na novela que na vida real. A areia que entra no sapato dos convidados na praia só não perde para aqueles terríveis desníveis que acabam com os sapatos de salto das meninas no chão irregular das chácaras. Mais uma vez, o desejo de "exclusividade" pode trair seus melhores interesses de um casamento prático e bonito. E sem querer jogar mosca na sua sopa, tem a *questão do tempo*: sim, o tem-po! Se chover (e/ou fizer frio), você já sabe que a coisa toda perderá metade (ou mais) do glamour, não adianta se enganar.

Por fim, se o casal insistir nessa direção, que esteja com o bolso preparado: para ficarem realmente bonitos, casamentos em locais exóticos custam caro, muito caro! Gastem pouco e vocês verão aquela coisa pobre, fraquinha, coisa de quem quis inventar, mas não tinha "bala na agulha" para bancar. Não sou eu quem diz: é o que "seus convidados" dirão...

CLIC® 7. Festas de casamento são momentos de grande felicidade entre família e amigos, sem dúvida. Ainda assim, vale lembrar que o foco principal de um casamento feliz é *o próprio casal*. Por isso, o dinheirão que se gasta numa festa de poucas horas pode bancar algumas boas semanas de uma **viagem de lua de mel maravilhosa**, que vai aproximar os parceiros de forma encantadora e inesquecível logo no início da sua jornada conjunta.

> **EMPODERAMENTO FINANCEIRO é...** quando você olha aquela montanha de sugestões "imperdíveis" para turbinar seu casamento e resolve ficar com "o básico" que funciona: "O que tem de ser FEITO PARA DURAR a vida toda é MEU CASAMENTO, não as DÍVIDAS DO CASAMENTO!"

SEU FILHO MERECE O MELHOR, E O MELHOR DA BRINCADEIRA É AQUI, NA XPTO BRINQUEDOS!

OS PAIS SEMPRE QUEREM O MELHOR PARA SEU FILHO, MAS... O MELHOR DE QUE, AFINAL?

A metade verdadeira

A gente quer dar aos filhos sempre *nosso melhor*. A melhor educação, na melhor escola, cursos de idiomas, aulas e treinos de esportes, incluindo cursos de música. Queremos provê-los de um lar confortável, boas roupas, comida gostosa, momentos agradáveis de lazer e, sim, brinquedos, *muitos* brinquedos!

A metade mentirosa

"Bons *provedores* são bons *pais*, e quem dá menos é porque não gosta tanto assim do filho, não está tão disposto a se sacrificar por ele!" Esse é o discurso oficial da propaganda direcionada a genitores e costumamos embarcar de cabeça nele. Até porque, né... não raro temos aí alguma "culpa no cartório"... e queremos compensar do jeito errado!

A pura verdade!

Por vezes usamos os brinquedos — aí inclusos os *gadgets* e todo tipo de eletroeletrônicos ou mesmo roupas de grife, enfim, *coisas e mais coisas* — como forma de compensar nossa ausência como pais e mães efetivamente presentes na vida dos filhos. Como nada disso resolve, vamos nos sentindo cada vez mais afastados e tentamos progressivamente compensar esse afastamento com o oferecimento de bens materiais, apenas para perceber que... só piora! Você... não vai querer essa dinâmica para sua família, vai?

DICA DE ATITUDE INOVADORA

Entenda que "estar presente" na vida do seu filho o fará bem mais feliz do que lhe "dar presentes"!

CLICS® PARA FAZER SEU DINHEIRO VALER MAIS

CLIC® 1. "O seu exemplo me fala tão alto que não consigo ouvir o que você me diz!" Esta é a mensagem que muitos de nossos filhos gostariam de poder nos passar, se soubessem se expressar com toda essa sabedoria. Se você é comprista, consumista, se dá muito valor à dimensão financeira e material da sua vida, frequentemente subjugando as pessoas (até a si mesmo!) para ter maior acesso às coisas, essa postura será rapidamente lida, apreendida e imitada por seu filho. Daí, não adianta vir com "discurso educativo".

Portanto, se quer filhos menos materialistas, mire-se antes no espelho, questione sua própria postura de vida, corrija seus próprios rumos como consumidor e parta para a boa educação do *desapego* dosado e responsável rumo à prosperidade equilibrada, duradoura, sustentável e solidária. Não será nem preciso "sermão" para funcionar!

CLIC® 2. Seu filho não quer mais *coisas*, ele quer mais *tempo*, quer mais de *seu* tempo. Não use o argumento de que você não tem tempo para ele, porque seu tempo está todo vendido tentando angariar dinheiro para comprar coisas... para ele! Se quer seu filho verdadeiramente próximo de seu coração, isso não vai colar.

Persiga, isso sim, o caminho contrário: trabalhando um pouco menos — certo, também ganhando um pouco menos (se você tiver a mínima chance de recalibrar sua dinâmica profissional) —, tente comprar de volta parte do seu tempo para entregá-lo de forma livre, leve e solta a seu filho. Jogue-se com ele no chão, brinquem e rolem juntos! Tempo de *vida conjunta* é o principal esteio da ponte de amor que vocês querem (e precisam!) edificar para sempre entre seus corações.

CLIC® 3. Em vez de levar seu filho com tanta frequência a *shoppings* e lojas de brinquedos, leve-o para visitar alguns **lugares inusitados**. Por exemplo, ao FERRO VELHO, para observar as carcaças daqueles OBJETOS de tanta COBIÇA anos atrás. Leve seu filho ao LIXÃO, para que ele se dê conta do que viraram hoje aquelas COISAS todas que ontem eram anunciadas pela PROPAGANDA com tanta ênfase. Leve seu filho ao CEMITÉRIO, para mostrar-lhe o PÓ em que todos nós um dia haveremos de nos transmutar. Por fim, leve seu filho a um JARDIM, num dia de SOL, para que ele veja a beleza das FLORES que o bom DEUS sustenta e aponte-lhe o CÉU, onde há de viver sua ALMA por toda a eternidade!

EMPODERAMENTO FINANCEIRO é... quando você olha seu filho e entende que ele já nasceu com o DOM DA BRINCADEIRA: não tente desviá-lo desse lindo foco natural entupindo-o com brinquedos demais!

BUFÊ XPTO KIDS: A MELHOR FESTA PARA SEU FILHO... E A MELHOR CONDIÇÃO PARA VOCÊ!

MEGAFESTAS DE ANIVERSÁRIO: MESMO DANDO PARA PAGAR, ELAS AJUDAM A EDUCAR SEU FILHO?

A metade verdadeira

A gente trabalha para ter as coisas, para dar uma boa vida de conforto e conveniências a nossa família. Como pai ou mãe, você quer (eu quero!) dar aos filhos tudo o que teve e principalmente o que não teve. Você se esforça, abre mão de muito para si mesmo, tudo para poder ver os pequenos sorrindo! Há muito amor envolvido e, de fato, se pararmos para pensar, por causa desse empenho e dessa doação toda os pais de hoje são afetivamente bem mais próximos dos filhos do que os das gerações passadas. Isso é bom, basicamente muito bom.

A metade mentirosa

Ciente desse amor que não tem fim, o *consumismo* ligado à prole se apoderou desse poderoso gancho para convencer você de que, para *agradar*, tem de *gastar*. E para agradar *mais*... tem de gastar *mais*, ora! Assim, acabamos nos vendo trabalhar feito loucos para maximizar nossa renda

143

e poder de compra — tudo para podermos dar mais (o melhor do melhor!) a nossos herdeiros.

No entanto, nós nos esquecemos de que nada pode ser mais precioso para eles — nenhum presente, nenhuma experiência — que o convívio de *tempo de qualidade* com seus pais. Experiências menos elaboradas do ponto de vista *material* e mais bem trabalhadas do ponto de vista *afetivo*: isso é o que os fará indivíduos mais felizes e realizados!

A pura verdade!

Veja, por exemplo, as festas de aniversário infantojuvenis em elaborados bufês especializados, um "hábito" recente da classe média brasileira, curiosa invenção da virada do milênio. Elas logo se tornaram sonho de consumo dos nossos bem-intencionados papais e mamães, que o acabam transferindo aos filhotes por pressão involuntária. De tanto mostrarmos nosso grande entusiasmo para as superfestas, nossos filhos passam a nos pedir por elas — passam mesmo a cobrá-las!

Mais do que legítimos momentos de celebração da vida, muitos desses rebuscados "eventos" acabaram se tornando apenas oportunidades de ostentar prosperidade (muitas vezes, falsa) para amigos e parentes, shows particulares para "impressionar a sociedade".

Tudo ostensivo, a começar pela SUV novíssima (estrategicamente trocada antes da data do níver), polida e estacionada na única vaga na frente do bufê. Sem falar nas cinco princesas "de verdade" que fazem a figuração no evento, na menina entrando na hora dos parabéns dentro da concha da Princesa Ariel, empurrada pelo pai fantasiado de Rei Tritão e os fogos de artifício anunciando a chegada da "realeza". Tudo lindo, sem dúvida, mas caro e até desnecessário para a genuína felicidade de seu filho. Você... vai nessa também?

DICA DE ATITUDE INOVADORA

Seja um bom provedor para seu filho, mas cuide para não pecar pelo excesso e não o estragar!

CLICS® PARA FAZER SEU DINHEIRO VALER MAIS

CLIC® 1. Como pai de classe média, nada tenho – em princípio – contra eventuais festas em bufês infantojuvenis. Já fizemos três delas para nossos dois filhos e talvez venhamos a fazer ainda outras. Foram bem preparadinhas, providenciadas com todo o carinho, mas sem excessos. Reflito que pode ser perigoso para o seu bolso, e também para a educação financeira de seus filhos, promovê-las todos os anos e com crescentes toques de sofisticação, como temos visto acontecer em nosso meio socioeconômico.

Escolha algumas **idades mais marcantes** (isso varia de família para família) e se concentre nelas para as festas mais elaboradas. Nos demais anos, promova comemorações materialmente mais simples, porém tão significativas quanto do ponto de vista emocional. O caminho da prosperidade sustentável e duradoura não exclui alguma *exuberância*, mas pede que ela seja estrategicamente *seletiva*.

CLIC® 2. Criança gosta mesmo é de *criança*, de *estar* com outras crianças, de *brincar* com outras crianças. Você já reparou na "dificuldade" delas para comer nas festinhas infantis? Ora, comer pode esperar... **vamos brincar!** Portanto, a festa realizada no salão do prédio ou na garagem de casa pode acabar tendo excelente efeito prático para a real diversão do seu filho.

Se você não se meter a besta de querer fazer em casa uma superprodução hollywoodiana, alugando pula-pula e piscinão de bolinhas, contratando carrinho de pipoca, cachorro-quente e churros, além de uma tropa de monitores caracterizados de palhaços para "animar a festa", a comemoração em casa sairá, sim, muuuito mais barata que uma festa em bufê e poderá ser tão gratificante quanto. Ou até mais.

CLIC® 3. Criança gosta de brincadeira, de movimento, de alegria, de "farra", de "bagunça". Lembro-me com saudade das festas de aniversário da minha infância, em que tudo era preparado em casa, do bolo aos doces e salgados... até a "decoração do salão" a gente fazia, enfeitando artesanalmente a garagem de casa!

Curiosamente, lembro-me mais desses momentos do *antes* das festinhas do que do *durante*. Resgatar esse espírito com **festas caseiras** pode ser um jeito de economizar muito... e acabar revalorizando a data. De quebra, são momentos gostosos de interação de pais e filhos, momentos para conversar, brincar e sorrir juntos. Eles *precisam* disso!

CLIC® 4. Recentemente fui a uma **festa de quinze anos** na qual a aniversariante trocou de vestido três vezes (todos eles confeccionados por um descolado estilista). Na valsa havia vinte meninos e vinte meninas de cada lado e a própria debutante dançou com um bailarino especialmente arrematado do corpo de baile do Teatro Municipal para essa ocasião única. "Para que a gente trabalha nessa vida?", dizia o pai, orgulhosíssimo da "conquista".

Tudo exuberante, luxuoso, lindo... e exagerado! Pense: como terá de ser a festa de *casamento* dessa jovem para superar uma festa de quinze anos desse porte? Sim, porque "superar" é parte do raciocínio de todo o consumismo envolvido nessas superproduções. Olha, a vida dá voltas: o que sei é que essa garota ficará extremamente frustrada se não puder se casar com uma produção à altura de tamanho glamour debutante.

A não ser, é lógico... que até lá a vida a tenha feito *sofrer* tanto e a tenha feito *aprender* tanto, que ela terá descoberto (à custa de muita lágrima derramada), que a *alegria verdadeira* em celebrar a vida não tem relação direta com os cifrões gastos na preparação da celebração. Portanto, papais e mamães: "menas"... muito "menas"!

CLIC® 5. Um caso recente que me tocou bastante foi o da menina Bianca. Tendo feito as contas juntamente com os pais de quanto gastariam numa baita festança de quinze anos, ela resolveu fazer diferente: "investiu" a grana numa viagem a Angola, para montar uma biblioteca para crianças em um campo de refugiados apoiados pela ONU.

Nas palavras da própria Bianca: "Nada pode ser mais bonito para mim do que os sorrisos que eu guardei daquelas crianças e que ficarão no meu coração para a vida toda." É... o mundo está mesmo precisando de *menos gigafestas*... e de *mais corações* como o dessa "princesa da solidariedade", a jovem próspera Bianca.

> **EMPODERAMENTO FINANCEIRO é...** quando você percebe o quanto vai gastar numa "festinha", celebrando o aniversário de seu filho no BUFÊ todos os anos, e desiste: "Se eu colocar isso anualmente em um plano de PREVIDÊNCIA, consigo garantir a APOSENTADORIA no futuro!"

VOCÊ TRABALHA E MERECE O MELHOR: A XPTO TEM O VEÍCULO QUE VOCÊ QUER... E PRECISA!

O CARRO É O BEM DURÁVEL MAIS COBIÇADO DO MUNDO: VOCÊ PRECISA (E PODE) TER UM?

A metade verdadeira

O trabalho deve nos proporcionar gratificação *pessoal*, mas também *financeira*. O dinheiro que resulta do nosso trabalho suado serve para comprarmos uma vida com qualidade, pelo menos ao nível *material*.

Aí entra, por exemplo, o automóvel, um conforto e uma conveniência amplamente cobiçada pela classe média em todo o mundo. Por aqui custa dezenas de milhares de reais e pouca gente tem um dinheiro desses pronto, em mãos. Ah, tudo bem: parcelando dá para comprar, não?!

A metade mentirosa

Poder contar com um ou mais veículos estacionados na garagem é muito sedutor. Porém, tem um custo elevado para você, mexe bastante com o orçamento pessoal e familiar e de um jeito que talvez deixe de lhe interessar quando você enxergar a coisa toda na ponta do lápis.

Quando se vai tomar a decisão de adquirir um automóvel — o primeiro grande sonho de consumo de todo adulto —, além do esforço necessário

147

para *adquirir* o carro, deve-se planejar os gastos necessários para *manter* o automóvel adquirido. E aí a conta pode facilmente *dobrar*...

A pura verdade!

Todos queremos o que é bom, mas queremos também estar preparados para *ter* e *manter* o que é bom, porque só isso pode contar ponto a favor da prosperidade equilibrada, sustentável e duradoura. Arranjar um carro financeiramente mal planejado e depois se ver obrigado a perdê-lo para as adversidades financeiras do dia a dia é uma experiência *traumática*, que pode ser perfeitamente evitada com bom *planejamento* do orçamento.

DICA DE ATITUDE INOVADORA

Evite o carro próprio para ter sua mobilidade: é a forma mais cara e complicada de se locomover!

CLICS® PARA FAZER SEU DINHEIRO VALER MAIS

CLIC® 1. Antes de se decidir pela compra de um carro, será necessário avaliar corretamente o peso do tal veículo em seu orçamento, identificando o quanto de sua renda mensal ele levará todos os meses. Só a partir daí você poderá buscar enxugamentos que permitam um encaixe equilibrado desse novo conjunto de despesas (e desse novo item de qualidade de vida!) em sua vida financeira.

Alguns dos desembolsos relativos a seu automóvel serão *gastos frequentes*, que ocorrerão uma ou mais vezes por mês — abastecer o carro, pagar estacionamento, lavagem, aluguel de garagem, por exemplo —, enquanto outros serão *gastos eventuais*, nos quais não se incorre todos os meses, mas que certamente ocorrerão com alguma outra periodicidade, a cada × meses ou × anos — como o IPVA anual, as revisões, a troca a cada três ou quatro anos.

Para visualizar os gastos com seu automóvel à luz do conjunto de seu orçamento pessoal e familiar será preciso apurar *todos* esses gastos, sejam frequentes ou eventuais, em *uma mesma base mensal*, que é para poder compará-los com o salário, avaliando o peso relativo desses gastos na sua vida. Para a maior parte das famílias, na prática, um carro custa tanto quanto um filho. Ou mais.

CLIC® 2. Imagine um carro com valor de aquisição de R$ 35 mil. Apurando **todos os gastos** relativos a esse veículo, chegamos à conclusão de que, além do esforço financeiro mensal de pagar as parcelas de um financiamento para comprar o referido automóvel, serão necessários mais R$ 800 mensais apenas para mantê-lo em atividade.

Assim, apuramos que um carro desses ("basicão") pode demandar entre R$ 1,5 mil e R$ 2 mil por mês, somando-se o custo de *ter* com o de *manter*! Outro jeito de enxergar a coisa: o que se gasta para ter (comprando parcelado) e manter um carro durante dois anos equivale ao valor desse carro quando 0 km! E isso vale basicamente para veículos de todas as faixas de preços. Você já havia raciocinado nesses termos? Porque ter "coragem" sem fazer a conta certa não é destemor... é burrice mesmo!

CLIC® 3. Faça as contas do carro e reflita: aquilo tudo que vai gastar por mês cabe no orçamento da família? Esse dispêndio mensal compensa do ponto de vista do impacto positivo em sua qualidade de vida?

Há quem economizaria um bom valor se apenas usasse um mix bem bolado de transporte público (fora do horário de pico) com serviços urbanos de transporte particular, o que não sai nada barato no avulso, mas pode ficar bem mais em conta no total do mês.

Agora... e o prazer de possuir seu próprio carro? E a conveniência de tê-lo a sua disposição vinte e quatro horas por dia, sete dias por semana? Tudo isso deve ser posto na balança, para ver o que está ao alcance do seu bolso e o que realmente compensa!

> **EMPODERAMENTO FINANCEIRO é...** quando você vê o CARRO ZERINHO na concessionária e lhe diz, com firmeza na voz: "Eu levaria você para minha garagem, numa boa. Mas, depois de FAZER AS CONTAS, concluí que com metade do gasto eu ando de carro com motorista e ainda descolo uns trocados a mais alugando a garagem!"

SENSACIONAL PROMOÇÃO, COMPRA PARCELADA COM TAXA ZERO! COMPRE JÁ SEU 0 KM!

VOCÊ ACREDITA QUE ALGUÉM TE ALUGARÁ DINHEIRO... SEM GANHAR (E MUITO!) COM ISSO?

A metade verdadeira

Você olha o preço de um carro zero e a "quantidade de zeros" à direita assusta: quem é a criatura que tem esse dinheiro todo para dar num automóvel?! Mas... ter um carro é uma questão de conforto, até de necessidade de mobilidade, e você quer o seu 0 km. Como fazer para pagar? Só mesmo parcelando! Mas... aí tem os juros... e você não queria pagar juros! Não seria bom poder comprar parcelado, de maneira facilitada, com *zero de juros*? Sim, sem dúvida. Se isso existisse. Porém, como nos alertaria Padre Quevedo: *"Isso non ecsiste!"*

A metade mentirosa

O carro é anunciado com parcelamento sem juros em uma dessas "promoções-relâmpago", no melhor estilo apelativo "o gerente enlouqueceu". Ah, tá. Daí você pergunta se não tem mesmo juros e o vendedor te "explica" que não, imagina, é sem juros porque é "direto com o banco da montadora e o banco fez um acordo de não ganhar nada para ajudar a montadora a conseguir vender". Daí você conversa com aquele seu amigo do mercado financeiro e ele te garante que tanto os balanços das montadoras quanto os demonstrativos financeiros dos bancos das montadoras mostram *lucros* bem polpudos! Cadê, então, a pegadinha?

A pura verdade!

Repare que nas ofertas de financiamento com "juro zero" sempre se pede uma entrada elevada, de metade (ou mais) do valor do veículo. Em geral, a entrada é (não por acaso) equivalente ao valor do seminovo similar, com dois ou três anos de uso, justamente aquele carro que você tem para dar na troca para o 0 km. Mas, ora bolas, esse dinheiro você está quitando à vista, no ato; portanto, não teria mesmo de ter juros, certo?! Repare também que o restante será dividido em prazo relativamente curto, de doze ou vinte e quatro meses, raramente acima disso. E pior: as contas todas são feitas sobre *valores de tabela*, mais altos que os valores efetivos para negociação à vista!

DICA DE ATITUDE INOVADORA

Apure sempre se há ou não juros embutidos (e de quanto são!) em parcelamentos com "taxa zero"!

CLICS® PARA FAZER SEU DINHEIRO VALER MAIS

CLIC® 1. Em um país onde o juro básico (a taxa Selic), que é a menor taxa efetiva que se pode ter na prática em transações financeiras comerciais em território nacional, já é superior a 0,50% ao mês, por que alguém lhe emprestaria dinheiro a custo zero? Essa proposta, que se encaixa muito bem na irracionalidade emotiva do consumidor mal planejado, que prefere ser enganado em vez de se preparar de forma adequada para a boa compra, está totalmente desalinhada com a lógica econômico-financeira dos mercados. Então, não é querer ser chato... mas tem mesmo de desconfiar e tirar a prova!

CLIC® 2. Antes de assinar embaixo de uma compra de veículo 0 km com "taxa zero", faça as **contas na ponta do lápis** para desvendar os juros embutidos. Aquela portentosa SUV, por exemplo, é oferecida por R$ 96 mil sem juros, com 50% de entrada (R$ 48 mil) e outros 50% (mais R$ 48 mil) parcelados em doze vezes sem juros de R$ 4 mil. Cadê os juros embutidos?

Primeiramente, serão pagos apenas R$ 48 mil na sua SUV similar usada, com só três anos e 40 mil km, com valor de tabela de R$ 55 mil. Portanto, você receberá R$ 7 mil a menos do que ela vale. Depois, se fosse para comprar a SUV 0 km à vista, no *cash*, ela sairia facilmente por R$ 90 mil. Ao fazer o negócio todo pelo preço de tabela, você estará pagando R$ 6 mil a mais de puro "pedágio".

Somando as diferenças, você pagará R$ 13 mil a mais para poder acessar sua nova SUV na "privilegiadíssima" condição do parcelamento com zero de entrada. Como proporção do verdadeiro valor de mercado desse carro, que é de R$ 90 mil, os R$ 13 mil de acréscimo equivalem a praticamente 15% a mais: essa é a "beleza" desse negócio da China que você acaba de "garimpar". Será que não tem uma da mesma cor para o seu cunhado também?

CLIC® 3. Quer mesmo um carro zero? Pense em juntar para comprar à vista e com desconto! Mantenha sua atual SUV por mais um ano, ao final do qual ela valerá R$ 50 mil (na venda a particular). Pegue os R$ 4 mil mensais e aplique em CDBs de curto prazo de pequenos bancos ou outras aplicações dinâmicas: no final do período, você terá R$ 50 mil limpinhos, mais os R$ 50 mil da venda do usado, totalizando R$ 100 mil.

Compre então a nova SUV por R$ 90 mil e use os R$ 10 mil que recolheu com sua *sabedoria financeira* para fazer uma viagenzinha legal com a família, estreando o carro novo. Talvez até melhor (e aí vai de cada um): fique com sua SUV de quatro anos e excelente estado, um carro que ainda lhe renderá outros quatro anos de uso sem nenhum problema, e vá fazer uma megaviagem de quarenta e cinco dias com a família pelo exterior. Bem... confesso: foi a decisão que eu mesmo tomei da última vez que estive nessa encruzilhada!

EMPODERAMENTO FINANCEIRO é... quando você olha a proposta de PARCELAMENTO COM JURO ZERO e desdenha: "Nããã... eu tenho calculadora em casa, sei usar e gosto de usar para prosperar!"

MEGAFEIRÃO DE FÁBRICA: ZERO DE ENTRADA E MAIOR PRAZO EM TODA A LINHA 0 KM!

ENTRADA MENOR E PRAZO ESTENDIDO PARA PAGAR SÃO MESMO CONDIÇÕES PRIVILEGIADAS?

A metade verdadeira

O automóvel é o bem durável (móvel) mais cobiçado e mais caro da vida da gente. Normalmente estamos falando de dezenas de milhares de reais, às vezes, várias dezenas. Comparando com o salário, o valor de um carro sempre parece algo… como dizer… impossível! Daí a necessidade de se parcelar através de um financiamento para viabilizar a compra.

A metade mentirosa

Já que é para parcelar, então que seja com a *menor taxa de juros*, a *menor entrada* (de preferência zero) e o *maior prazo* para pagar, certo? Hum… Talvez as condições que você vê como um tanto facilitadoras… possam acabar sendo um tiro pela culatra!

A pura verdade!

Em uma dívida parcelada (qualquer delas!) os juros incidem sobre o saldo ainda não quitado: quanto mais demorar para quitá-lo... maiores serão os juros pagos! Portanto, quem quiser arcar com juros menores terá de dar a *maior entrada* possível, para financiar o *menor saldo* possível e parcelar pelo *menor prazo* possível, não o maior!

DICA DE ATITUDE INOVADORA

Se vai mesmo financiar um automóvel, busque a menor taxa, a maior entrada e o menor prazo!

CLICS® PARA FAZER SEU DINHEIRO VALER MAIS

CLIC® 1. Nunca se decida por um financiamento de automóvel sem antes fazer a conta certa, na ponta do lápis. Suponhamos que você vá comprar um carro usado financiado no valor de R$ 50 mil. Você vai ao shopping de automóveis e, numa primeira loja, já encontra o carro que está procurando, que custa os R$ 50 mil que se dispõe a pagar.

A proposta que lhe fazem é dar 20% de entrada, ou seja, R$ 10 mil no ato, financiando o saldo restante, de R$ 40 mil, em 24 parcelas, a juros de 2,99% ao mês. Fazendo a conta certa, apuramos que essa operação resultará em 24 parcelas mensais de **R$ 2.360**. Pouco animado com essa oferta, você ouve no rádio o anúncio do "Megafeirão XPTO"... e corre para lá!

Eles têm o mesmo veículo, pelo mesmo preço de R$ 50 mil. A taxa de juros é mais baixa: 2,49% ao mês. Uhuuu, parece um excelente começo! No feirão não lhe pedem nada no ato, ou seja, zero de entrada, financiando, portanto, o valor integral do veículo para você e ainda concordam em lhe parcelar no dobro do prazo daquela loja, ou seja, em 48 vezes. As parcelas, nesse caso, ficarão em um valor bem mais baixo que no caso anterior, cravando nos **R$ 1.796** mensais (comparativamente aos R$ 2.360 da primeira proposta).

Então você fecha negócio na hora! Afinal, conseguiu uma *taxa menor*, um *valor de empréstimo maior* e um *prazo mais longo*, com uma *prestação menor*! Parece o melhor dos mundos! Você devia ter feito a conta certa *na ponta do lápis*, porque, na vida financeira da gente, as aparências enganam. Fazendo os cálculos corretos, você pagaria o seguinte na primeira proposta:

24 *prestações* × R$ 2.360 *cada* = R$ 56.640 *total das prestações*
R$ 56,6 mil *total pago* − **R$ 40 mil** *financiados* = <u>**R$ 16,6 mil de juros**</u>
(**R$ 16,6 mil de** *juros* / **R$ 40 mil** *financiados*) × 100 = <u>*42% a mais*</u>

Ao optar pela segunda oferta, no entanto, aquela que lhe parecia a princípio mais vantajosa, você acabou pagando muito mais de juros sobre juros; veja só:

48 *prestações* × R$ 1.796 *cada* = R$ 86.208 *total das prestações*
R$ 86 mil *total pago* − **R$ 50 mil** *financiados* = <u>**R$ 36 mil de juros**</u>
(**R$ 36 mil de** *juros* / **R$ 50 mil** *financiados*) × 100 = <u>*72% a mais*</u>

Observe o seguinte: na primeira opção, que lhe pareceu a princípio menos vantajosa, o carro lhe custará R$ 66,6 mil:

R$ 10 mil *entrada* **+ R$ 56,6 mil das** *prestações* **= R$ 66,6 mil** *custo total*

Enquanto na segunda opção, aparentemente mais sedutora, o carro lhe custará nada menos que R$ 86 mil:

R$ 0 *entrada* **+ R$ 86 mil das** *prestações* **= R$ 86 mil** *custo total*

Comparando, na segunda opção você pagará praticamente R$ 20 mil a mais pelo carro que na primeira, ou seja, praticamente 30% mais caro. Isso acontece justamente por causa do mecanismo dos *juros sobre juros*, que faz o *cômputo geral dos juros pagos* ser muito maior (quase 120% maior!) na segunda opção (juros totais de R$ 36 mil), que tem zero de entrada e o dobro de prazo, apesar da taxa menor.

Os juros compostos também existem na primeira opção (juros totais de R$ 16,6 mil), com entrada de 20% e metade do prazo. Mas, apesar da taxa mais alta, os juros pagos serão bem mais baixos no cômputo geral, porque terão se acumulado por *menos tempo* e sobre um saldo financiado *menor*. Moral da história: quando for *financiar* qualquer bem, faça a conta certa e planeje-se para conseguir, sim, a *menor taxa*, mas também a *maior entrada* (= o menor saldo a financiar) e o *menor prazo* (o menor número de prestações).

CLIC® 2. Melhor mesmo que fazer uma nova dívida é **investir para comprar à vista**. No exemplo, o objetivo era comprar um carro de R$ 50 mil. No financiamento em 48 prestações com zero de entrada, a parcela mensal sairia por R$ 1.796. Quem entra em uma dívida dessas deve estar 100% seguro de que terá esses R$ 1,8 mil disponíveis em seu orçamento pessoal e familiar para honrar todos os meses, durante longos quatro anos.

Do contrário, em um determinado momento, o sujeito poderá ficar inadimplente, perderá o carro, tudo o que pagou e ainda terá de carregar uma dívida de um veículo que não existe mais na sua vida — e talvez chegue ao extremo de, inclusive, perder seu bom nome e seu crédito na praça.

Pense diferente: se a pessoa tem de fato esses R$ 1,8 mil para dar todos os meses na prestação da dívida, não teria essa mesma quantia para *aplicar* todos os meses, com o objetivo de juntar o dinheiro necessário durante um certo período, ganhando juros sobre juros, para daí então poder comprar o carro à vista e com desconto? Se tiver *disciplina financeira*, é lógico que sim!

Vamos calcular quanto tempo o indivíduo levaria para acumular os R$ 50 mil necessários para comprar o carro à vista, se optasse por investir R$ 1,8 mil todos os meses em um bom título da dívida pública brasileira adquirido através do canal Tesouro Direto. Esta opção de aplicação financeira dinâmica pode lhe proporcionar uma rentabilidade líquida de 0,75%. O resultado exato é de 25,4 meses — ok, 26 meses.

Isso dá pouco mais de *dois* anos contra *quatro* anos pagando o mesmo valor todos os meses no financiamento! Pela via do *investimento*, você terá de desenvolver a cada mês o mesmo *esforço poupador e investidor*, só que por apenas metade do tempo total que na via da dívida! Quer dizer, se você tiver os R$ 1,8 mil por mês durante quatro anos, optando pela via do investimento, dará para comprar *dois* carros em vez de um, desenvolvendo exatamente o mesmo esforço.

CLIC® 3. Quem investe e compra à vista **vai mais longe com seu dinheiro.** Ainda no exemplo anterior, a pessoa que quisesse levar para casa hoje um veículo de R$ 50 mil teria de pagar 48 prestações de R$ 1,8 mil. Mas... e se essa pessoa estivesse disposta a esperar os mesmos 48 meses, partindo do zero e aplicando os R$ 1,8 mil todos os meses no Tesouro Direto, com juros líquidos de 0,75% ao mês? Quanto esse investidor teria ao final de quatro anos? Que carro poderia adquirir com esse dinheiro? Muito provavelmente um carro melhor, mas... exatamente *quão melhor?*

Quase R$ 104 mil! Quer dizer, *mais do que R$ 100 mil*, ou seja, mais que *o dobro do valor daquele carro financiado*, o que equivale a um carro *duas vezes melhor*! E isso exatamente com *o mesmo esforço*, apenas evitando se precipitar, aguardando os quatro anos para dar uma forcinha para os juros sobre juros se acumularem, o que resultará numa superforça adicional para seu poder de compra!

O que você quer para daqui a quatro anos? Um *carro* que valia R$ 50 mil quando você o comprou 48 meses atrás e que então não valerá nem R$ 25 mil ou uma "nave" 0 km, seu "carro dos sonhos", ao preço de R$ 104 mil (comprado à vista e com desconto)? O futuro é seu, a escolha é sua. Só não deixe, jamais, de fazer a conta certa para avaliar o verdadeiro impacto que suas decisões financeiras podem ter sobre seu poder de compra e sua prosperidade!

EMPODERAMENTO FINANCEIRO é... quando você vê aquela propaganda de FINANCIAMENTO DE CARRO com condições imperdíveis e ironiza: "Eu iria correndo... mas tenho PREGUIÇA. Tenho preguiça de PAGAR JUROS à toa para banco e financeira!"

TROQUE SEU CARRO POR UM 0 KM ANTES QUE SEU USADO DESVALORIZE AINDA MAIS!

ACELERAR A TROCA DE AUTOMÓVEL É UMA BOA PARA CONTRA-ATACAR A DESVALORIZAÇÃO?

A metade verdadeira

O carro é um *bem de uso* como outro qualquer. Mesmo considerando ser esse um *bem durável*, com *longa vida útil*, é sabido que ele sofre natural desgaste mecânico com o uso. De outro lado, também fica ultrapassado do ponto de vista de *design* e ainda quanto aos recursos de *tecnologia embarcada*, que proporcionam conforto e segurança ao motorista e aos passageiros, bem como maior desempenho com menor consumo de combustível.

Por causa desses fenômenos todos de perda de *valor intrínseco*, é apenas natural que o *preço* de um automóvel tenda a cair. Sabemos disso, mas ainda assim essa realidade nos incomoda: ninguém gosta de ser possuidor de um bem tão caro que se desvaloriza continuamente!

A metade mentirosa

Então a propaganda vem nos dizer que há um jeito de não perdermos tanto com a desvalorização do veículo: trocá-lo o mais rápido possível, antes que se desvalorize ainda mais! Mesmo que o comprador não tenha dinheiro para inteirar a diferença, não há problema: a concessionária financiará o novo carro em "suaves" parcelas; assim escaparemos da desvalorização, certo? Pelo menos... esse é o sedutor papo do vendedor, aquela "pressãozinha básica" que ele faz para nos forçar a fazer a TED "ainda hoje".

A pura verdade!

Parando para raciocinar com calma por um minuto (coisa que deveríamos fazer em casa, antes de apressadamente fechar o negócio), constatamos que essa conta não fecha!

Todo carro desvaloriza, não apenas o seu atual veículo, mas *todo* veículo, o novo inclusive. Portanto, se você mudar de um veículo para outro, estará trocando "seis por meia dúzia": estará se desfazendo de um bem que se desvaloriza muito... para pegar outro que se desvaloriza *ainda mais*! Sim, porque a valorização financeira é proporcional ao valor do veículo: se é mais caro, desvaloriza-se mais em reais do que o veículo usado, mais barato!

DICA DE ATITUDE INOVADORA

Evite a troca frequente do automóvel, o jeito mais garantido de perder dinheiro rápido com o carro!

CLICS® PARA FAZER SEU DINHEIRO VALER MAIS

CLIC® 1. Faça a conta certa na ponta do lápis para que nenhum vendedor de automóveis mal-intencionado, ou simplesmente ignorante (sobre essa questão das contas), lhe passe a perna.

Imagine que você tenha comprado um carro zero de R$ 72 mil. Após três anos de uso, ele terá perdido, na prática, 50% de seu valor financeiro e passará a ser cotado (para venda rápida na concessionária) a R$ 36 mil. Parece pouco, mas... é o que o mercado paga, paciência.

Você terá perdido, portanto, R$ 36 mil, algo equivalente a mil reais por mês durante os últimos 36 meses em que foi dono do automóvel. Veja: esta é uma realidade financeira da qual você não consegue escapar, porque é o movimento natural do mercado e... bem... já aconteceu, então não dá para voltar atrás! Daí o vendedor lhe propõe a troca pelo novo, justamente para "evitar a desvalorização acentuada" do atual.

Pelo negócio proposto, você comprará outro zero de R$ 72 mil, colocando R$ 36 mil a mais sobre seu usado. Dessa forma, deixará de perder na desvalorização do atual (isso é fato) e — eureca! — começará a perder novamente mil reais por mês nos próximos 36 meses! Mas que bela troca, hein?!

CLIC® 2. Se você tivesse segurado a ansiedade e ficado com o atual carro por mais três anos (em um total de seis anos de uso), o valor do automóvel cairia para R$ 24 mil. Sim, você perderia outros R$ 12 mil ou R$ 330 por mês, mas já é *muito menos* que os mil reais da situação de perda com a troca mais acelerada, concorda?

Assim, você poderia aplicar os R$ 660 por mês da diferença mensal (= R$ 1 mil de perda na troca rápida – R$ 330 de perda na troca mais lenta) em uma aplicação dinâmica e teria acumulado R$ 27 mil ao final dos três próximos anos, para juntar aos R$ 24 mil do seu carro à época e dar R$ 51 mil de entrada no zero de R$ 72 mil, inteirando apenas R$ 21 mil de diferença, em vez de R$ 36 mil na troca, como seria necessário na situação anterior.

O ganho em relação à primeira situação, da troca mais rápida, seria de R$ 15 mil (= R$ 36 mil empatados – R$ 21 mil necessários)! Pense bem: a cada quatro ou cinco vezes em que você escolher *adiar* um pouco a troca do carro que está (e continuará) desvalorizando, conseguirá economizar o valor de um carro zero inteirinho! Não lhe parece financeiramente mais sábio?!

Em tempo: o carro mais usado, neste caso, não produzirá necessariamente mais gastos do que o novíssimo, não. Convenhamos: se bem cuidado, o usado não demandará essa *manutenção* toda; e a manutenção do zero não será "baratinha", já que você terá de levá-lo às (caríssimas!) revisões obrigatórias na autorizada a cada seis meses, para não perder a garantia. Além do que, com o auto novíssimo você gastará mais de *IPVA e seguro*, que são proporcionais ao valor de mercado do veículo.

CLIC® 3. Essas contas podem ser ainda mais surpreendentes e reveladoras: se você financiar a diferença de R$ 36 mil da opção da *troca mais rápida* em 36 meses a juros de 1,49% ao mês, pagará 36 mensais × R$ 1.300, portanto R$ 46,8 mil no total ou R$ 10,8 mil a mais (= R$ 46,8 mil com juros − R$ 36 mil financiados).

No entanto, se financiar apenas R$ 21 mil da *troca mais longa*, também em 36 meses e ainda com juros de 1,49% ao mês, pagará 36 mensais × R$ 760, em um total de R$ 27,4 mil; portanto, R$ 6,4 mil a mais (= R$ 27,4 mil com juros − R$ 21 mil financiados), o que dá uma economia de R$ 4,4 mil só em juros não pagos em relação à situação anterior (= R$ 10,8 mil de juros na troca acelerada — R$ 6,4 mil de juros na troca mais longa).

EMPODERAMENTO FINANCEIRO é... quando você olha para seu CARRO USADO, olha para o 0 km na concessionária, olha de novo para o usado com carinho e lhe segreda "ao pé do para-lama": "Eu vou te dar um tratinho básico e ficar com você mais um tempo. Com você eu perco, é verdade, mas com o bonitão de lata lustrosa ali da vitrine eu perco muito mais!"

VOCÊ GANHA POUCO DEMAIS, NÃO CONSEGUIRÁ TER UMA BOA VIDA... SE NÃO FOR COM DÍVIDAS!

SERÁ MESMO QUE RECLAMAR DOS SEUS GANHOS MENSAIS VAI AJUDAR VOCÊ A PROSPERAR?

A metade verdadeira

O anseio de toda pessoa é ter uma vida próspera. Sonho justo, muito justo — para isso trabalhamos e damos o melhor de nós. O *desejo de prosperar* que habita o coração humano, se for conduzido com boa ética, é uma *intensa força* que nos motiva, nos faz lutar e seguir adiante todos os dias em busca de tudo aquilo que é bom para nós, para nossas famílias e, no limite, para a sociedade.

A vontade de prosperar é aquela *mola propulsora* que nos ejeta da cama nas manhãs frias e chuvosas de segundas-feiras, que chacoalha nossos ossos e nos faz seguir adiante com fé, apesar dos muitos "nãos" que provavelmente receberemos ao longo do caminho. A cobiça constante da prosperidade nos faz batalhar, superar, vencer, conquistar: não apenas conserve a sua, mas dê a essa vontade de prosperar uma chance ainda mais digna de propulsionar sua vida para a frente e para cima!

A metade mentirosa

Tudo o que a sociedade moderna de consumo vem nos ensinando nos últimos tempos sobre prosperidade está *errado*, pois serve apenas para enriquecer *os outros*, enquanto *empobrece* a mim, a você e a todos os que embarcam desavisados nessa canoa furada, como meros idiotas (financeiros) úteis. Enquanto *entes financeiros*, estamos nos tornando *mais fracos* a cada dia e assim vimos *largando o controle do poder do nosso dinheiro* nas mãos dos outros.

Convenceram-nos (e nós aceitamos!) que *ganhamos pouco demais*, que somos *pobres demais* para ter a vida que queremos e merecemos. Daí, por uma questão de lógica, nos estimularam a simplesmente abandonar as esperanças com relação à capacidade que nosso dinheiro tem para nos trazer prosperidade efetiva.

"Aprendemos" então a subestimar nosso "pobre dinheirinho", fruto sagrado do nosso trabalho (que pode não ser essa fortuna toda, mas é nosso, é suado, é honesto). "Aprendemos" a não dar ao nosso dinheiro o devido valor, entregando-o aos leões, em vez de cuidarmos dele com carinho. "Aprendemos" a não o encarar como a essência e a semente da nossa prosperidade, aquela pequena semente que, se bem plantada e adubada, poderá logo mais à frente nos abrigar na sombra da frondosa árvore da prosperidade sustentável e duradoura.

Olhando desconfiadamente para nossos "diminutos" ganhos mensais, *cremos* que somos fracos financeiros... e *agimos* como fracos financeiros! Quem ganha com isso? Pelo menos em curto prazo, indústria e comércio se empoderam com esse raciocínio, porque angariam maiores vendas com essa visão deformada, enfraquecedora e empobrecedora que desenvolvemos quanto ao próprio dinheiro.

Afinal, é fácil empurrar mercadorias e serviços para consumidores que, na prática, não se empenham em valorizar corretamente seu dinheiro, consumidores compristas e consumistas, que não se importam em torrar sua ("pouca") grana rápido demais, fácil demais! Somos hoje um bando de compradores que topam (e muitas vezes com entusiasmo!) embarcar em esquemas empobrecedores de compras parceladas com (enormes!) juros embutidos, consumidores ansiosos, imediatistas, que não se encorajam e não se predispõem a poupar dinheiro para conquistar seus sonhos da maneira financeiramente mais sábia.

Agindo assim, nunca acumulamos em nossas mãos o *poder de compra* necessário para fazer bons negócios de verdade, batalhando descontos à vista, levando para casa algo pago, plenamente quitado, sem o tradicional "carnezinho". Dependemos cronicamente do dinheiro alheio, pois "aprendemos" que "infelizmente, só o nosso não funcionará". É isto: nos convencemos de que nosso dinheiro *não tem poder* e, assim, o entregamos "às cobras"!

Há mais gente que ganha quando pensamos e agimos pobre, como genuínos *derrotados financeiros*, tratando nosso "suado dinheirinho" de forma desleixada porque simplesmente *não confiamos em seu poder*. Aproveitando-se desse perfil entreguista, bancos e financeiras conseguem nos alugar dinheiro caríssimo em condições escorchantes, visando lucros bilionários que só crescem ano após ano. Transferimos a eles o poder que desprezamos e assim os empoderamos tremendamente.

Boa parte do nosso sofrido e incauto povo, adepto convicto desse estilo de vida empobrecedor, vive hoje escravizada pelas dívidas imprudentes, dominantes, sufocantes. Nesse jogo, só quem perde mesmo somos nós, porque agindo assim enriqueceremos os senhores do dinheiro à custa do empobrecimento da própria vida, afastando-nos da existência próspera que *merecemos* e que *podemos ter*, se ao menos mudarmos nossa mentalidade financeira e ganharmos empoderamento com o próprio dinheiro. Seja *você mesmo* o senhor do seu dinheiro!

A pura verdade!

Se você não reassumir o controle de sua vida financeira, desista de prosperar: pode trabalhar o quanto for, pode se esforçar o quanto quiser, jamais irá prosperar para valer, esqueça! Mas… justo você não vai nessa, certo, *chefe*?! Então, se quer mesmo dar as cartas nas suas finanças e mostrar quem manda no seu dinheiro, precisa dizer um grande NÃO à ideia de que ganha pouco demais, de que tem pouco demais, de que seu dinheiro vale pouco demais: você precisa mudar sua mentalidade financeira e *aprender a revalorizar seu dinheiro*!

Você não poderá jamais esquecer, então, que o *trabalho* e a *renda mensal* que dele resultam são a *fonte primária* de toda prosperidade. A boa *reeducação financeira* lhe oferecerá *técnicas* e *ferramentas* para *multiplicar e ampliar o poder de compra* do dinheiro que você produz com seu trabalho, angariando *empoderamento financeiro* concreto e dando-lhe acesso concreto à prosperidade sustentável e duradoura.

DICA DE ATITUDE INOVADORA

Saiba planejar gastos, dívidas e investimentos... e você terá dinheiro até para ajudar o próximo!

CLICS® PARA FAZER SEU DINHEIRO VALER MAIS

CLIC® 1. Investimentos mais dinâmicos. Para conquistar seus sonhos sem dívidas, aprenda a traçar e colocar em prática bons planos de investimentos, combinados com excelentes aplicações dinâmicas, mais rentáveis, porém muito seguras (e bastante práticas)! Assim você ganhará empoderamento financeiro por meio dos juros sobre juros que receberá em suas aplicações dinâmicas, garantindo a realização de seus principais sonhos de compra e consumo apenas com o esforço poupador de pequenas quantias mensais.

Veja só: aplicando em boas ações de boas empresas brasileiras, bastarão R$ 400 de esforço poupador e investidor mensal do início de sua carreira profissional até a aposentadoria para acumular o equivalente a um milhão de reais! Você investirá, na prática, pouco menos de R$ 200 mil do próprio bolso (R$ 400 mensais × 12 meses/ano × 40 anos = R$ 192 mil), mas poderá resgatar cinco vezes esse valor aplicado, por causa do empoderamento financeiro obtido com os ganhos dos juros sobre juros ao longo do tempo!

CLIC® 2. Dívidas mais prudentes. Aprenda a ter dívidas bem planejadas, de tamanho adequadamente calibrado para suas verdadeiras possibilidades financeiras, inclusive eliminando as dívidas mais graves e preocupantes. Assim você conseguirá transformar em "dinheiro novo" aquele poder de compra que hoje é costumeiramente desperdiçado com os elevados juros pagos nas suas atuais dívidas, redirecionando esse dinheiro para bons gastos e/ou bons investimentos.

Veja só: uma família brasileira de classe média pode chegar a empatar mais da metade de seus ganhos mensais apenas para pagar dívidas e cobrir os juros nelas embutidos. Elimine tais dívidas, começando pelas mais preocupantes, e esse dinheiro poderá ser convertido de imediato em pura prosperidade, sendo disponibilizado para bons gastos e/ou bons investimentos.

CLIC® 3. Gastos mais econômicos. Aprenda a ter despesas mais enxutas e a fazer compras financeiramente mais sensatas, bem-focadas em suas verdadeiras prioridades e bem-controladas através de um orçamento familiar organizado. Com essa técnica você irá liberar o dinheiro normalmente empatado em desperdício, hoje invisível, mas muito significativo, e permitirá engrossar outros gastos mais importantes, fazer bons investimentos ou até mesmo acelerar a quitação de dívidas dominantes.

Veja só: no orçamento de uma típica família brasileira de classe média, pelo menos 10% da renda mensal pode ser economizada e liberada com grande facilidade — apenas detectando e eliminando gastos de má qualidade financeira, que hoje não estão agregando prosperidade para você e sua família, mas que apesar disso têm levado um bom dinheiro embora!

CLIC® 4. Quem quiser prosperar para valer terá de *pensar* e *agir diferente* da massa de consumidores que hoje pensam pobre, agem pobre e *vivem pobre*!

Quem quiser mesmo prosperar terá que *tomar coragem* para se desconectar da *dinâmica de empobrecimento* vivenciada pela maioria das pessoas, *assumir o controle sobre o próprio dinheiro* e *dar a virada na sua vida financeira*. Será necessário *revalorizar seu dinheiro* e *multiplicar seu poder de compra*, submetendo-se a um *completo processo de reeducação financeira* que permitirá a você *transformar sua mentalidade*.

Nesse processo de virada, você assimilará *técnicas inovadoras* e adotará *ferramentas práticas* de *bom planejamento* e *gestão competente do seu dinheiro* (como as sugeridas neste livro) que viabilizarão a transformação de sua atual *mentalidade empobrecedora* para uma **mentalidade próspera**. Assim você adquirirá *empoderamento financeiro* concreto para conquistar a *prosperidade sustentável e duradoura* que tanto almeja!

> **EMPODERAMENTO FINANCEIRO é...** quando você olha o SALÁRIO pequeno, ou os ganhos diminutos do seu negócio próprio, e propõe com ternura: "Ok, você é o que temos para hoje. Vamos fazer uma parceria, tratar-nos com respeito... e VAMOS PROSPERAR!"

Quer esclarecer dúvidas?

Baixar ferramentas gratuitas?

Acessar os blogs do autor?

www.vamosprosperar.com.br

PREVIDÊNCIA PARTICULAR

A NOVA APOSENTADORIA

5 caminhos para não depender dos governos

A APOSENTADORIA DO GOVERNO JÁ ERA...

O Estado brasileiro já deu mostras suficientes de que não é competente para cuidar da *educação* de nossos filhos, da nossa *saúde*, e da *segurança* de nossas famílias. Este é o motivo que sempre nos faz buscar alternativas privadas. Por que então deveríamos apostar a segurança financeira do nosso futuro em suas mãos? Por que acreditar que o governo pode prover o nosso *conforto* e *bem-estar* na fase da *aposentadoria*?

PREVIDÊNCIA PARTICULAR: A NOVA APOSENTADORIA!

Este livro é um convite para você assumir o controle do seu futuro financeiro. Você colherá *amanhã* o que estiver plantando *hoje*, na proporção direta dos seus esforços para preparar esse caminho.

MONTE O SEU PROJETO DE PREVIDÊNCIA PARTICULAR!

1. **REAÇÃO:** proteja-se na *prática* contra a falência da Previdência Social.
2. **PLANEJAMENTO:** saiba planejar a *idade meta* ideal para se aposentar, a *renda futura* desejada, a *reserva necessária* e os *investimentos mensais*.
3. **POUPANÇA:** reorganize *gastos* e garanta sua capacidade de poupar.
4. **ALOCAÇÃO:** saiba selecionar as melhores *aplicações* financeiras.
5. **CONTRATAÇÃO:** aprenda a garimpar o *melhor* plano de previdência.

COMECE AGORA.

TESOURO DIRETO
A NOVA POUPANÇA

A CADERNETA DE POUPANÇA ESTÁ DEFINHANDO...
MAS O TESOURO DIRETO SURGE COMO ALTERNATIVA SEGURA E RENTÁVEL

A VELHA POUPANÇA VEM PERDENDO...

A caderneta de poupança encerrou 2015 com saque líquido de quase R$ 54 bilhões, o maior já registrado em vinte anos. O aumento do desemprego com a crise econômica e o achatamento da renda do trabalhador por causa da inflação explicam boa parte desse fiasco, mas não todo ele.

O INVESTIDOR ESTÁ CANSADO DE PERDAS!

Muitos aplicadores se ressentiram da perda apurada pela caderneta neste ano. Mas perda? Na caderneta? Sim, perda real: tomando a inflação acumulada de 10,67% (pelo IPCA) nos 12 meses de 2015 e considerando que a poupança pagou no acumulado do ano apenas 8,09%, calculamos que faltariam quase 3% para que a velha caderneta tivesse, ao menos, empatado com a inflação! Ganho mesmo que é bom...

TESOURO DIRETO: A NOVA POUPANÇA!

O Tesouro Direto registrou em dezembro de 2015 mais de 600 mil cadastrados, todos aplicadores dinâmicos, gente antenada que já descobriu que os títulos públicos são tão acessíveis quanto a poupança, mas rendem muito além e são igualmente seguros (ou até mais!), muito práticos para se aplicar e resgatar! É só uma questão de aprender o caminho...

ESTE LIVRO MOSTRA A VOCÊ O "CAMINHO DAS PEDRAS":
MAS SÓ O CAMINHO... SEM AS PEDRAS!

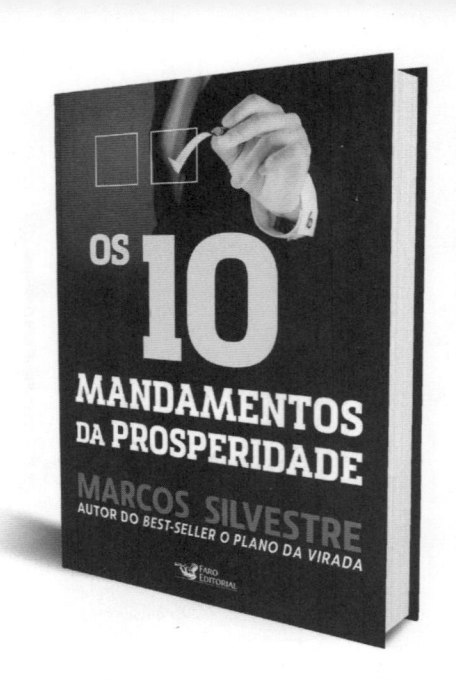

Quer dar a virada em sua vida financeira rumo à prosperidade duradoura?

Quer fazer seu negócio próprio gerar mais dinheiro, crescer e prosperar?

Uma vida com qualidade. Esse é o sonho de 10 entre 10 pessoas, mas poucas realmente o realizam, em parte porque os desafios da vida lhes são maiores e, para uma parcela ainda maior, porque cometem pequenos – às vezes grandes! – equívocos, e isso vai tornando o desafio de alcançar a plenitude financeira uma tarefa impossível.

Empobrecer ou enriquecer? A maior parte das pessoas não gosta de lidar com finanças e, apesar de trabalhar muito, acaba agindo de modo a empobrecer ao invés de enriquecer a cada dia. Como isso ocorre na prática? Este livro mostra em detalhes as armadilhas do pensar pobre para que você possa construir um caminho sólido rumo à prosperidade duradoura. E o melhor: não é nada complicado, com um pouco de esforço e disciplina, você começa a ver resultados rapidamente!

Uma nova fórmula, uma nova mentalidade. Nas 10 lições fundamentais deste livro, traduzi um conjunto de passos financeiros objetivos e certeiros, que irão levar você a um outro patamar de prosperidade. São boas estratégias para refletir, reformular sua mentalidade econômica e adotar um novo conjunto de práticas de enriquecimento gradual e contínuo rumo à prosperidade duradoura! **Leia, experimente, comprove... e vamos prosperar!**

ASSINE NOSSA NEWSLETTER E RECEBA
INFORMAÇÕES DE TODOS OS LANÇAMENTOS

www.faroeditorial.com.br

FARO EDITORIAL

ESTA OBRA FOI IMPRESSA PELA
SERMOGRAF EM FEVEREIRO DE 2018